长芗文丛

瓷都三字经

洪东亮◎著

CIDU SANZIJING

江西高校出版社
JIANGXI UNIVERSITIES AND COLLEGES PRESS

图书在版编目（CIP）数据

瓷都三字经/洪东亮著.—南昌：江西高校出版社，2017.8
（长芗文丛）
ISBN 978-7-5493-5990-5

Ⅰ.①瓷… Ⅱ.①洪… Ⅲ.①文化史—景德镇—中小
学—乡土教材 Ⅳ.①G634.591

中国版本图书馆CIP数据核字（2017）第217773号

出 版 发 行	江西高校出版社
社 址	江西省南昌市洪都北大道96号
总编室电话	（0791）88504319
销 售 电 话	（0791）88592590
网 址	www.juacp.com
印 刷	江西千叶彩印有限公司
经 销	全国新华书店
开 本	787mm×1092mm 1/16
印 张	10.5
字 数	252千字
版 次	2017年8月第1版 2017年8月第1次印刷
书 号	ISBN 978-7-5493-5990-5
定 价	88.00元

赣版权登字-07-2017-1104

江西省基础教育成果培育项目
景德镇陶瓷文化读本《瓷都三字经》

项目领导小组名单

指导专家　胡　青（江西师范大学教授）

组　　长　洪东亮

成　　员　刘体华　程启生　陈贤德　徐永辉

　　　　　朱湘云　吴金才　王保锋

丛书前言

长芗书院是景德镇历史上的著名书院，它自南宋庆元三年(1197)创建以来，至今已有八百多年的历史。长芗书院是宋元之际江南地区有着较大影响的书院之一，是景德镇市十分重要的历史文化遗产。

长芗书院自创建至废除，前后历经174年，尤其是在元代，由于方回、洪焱祖、吴迁、欧阳玄、吴莱、俞希鲁等一批硕儒的加盟和造访，其学术风气浓厚，因而在当时影响深远。元代著名文学家、史学家欧阳玄用"院在长芗业已专"的诗句盛赞长芗书院。明代汤显祖对长芗书院予以肯定。

研究学问，著书立说，是书院的传统。长芗书院历代山长名儒为后人留下了不朽的文化遗产，有多部著作收入《四库全书》。

元初重修长芗书院，有"江西诗派"殿军人物之称的进士方回，是著名诗人、诗论家，他一生创作诗歌万余首，著有《桐江诗集》《瀛奎律髓》。

元代长芗书院山长洪焱祖，著有《杏庭摘稿》，危素、宋濂为之序。还著有《尔雅翼音释》《续新安志》。

地方教育家、长芗书院山长吴迁，一生著述不倦，著有《易学启蒙》《春秋纪闻》《孔子家世考异》《孟子年谱》等十余部著作。明代永乐间，朝廷诏令编辑的《经书性理大全》多引用他的著作。他的门人汪克宽，有志圣贤之学，著有《春秋经传附录纂疏》《经礼补逸》。

被举荐为长芗书院山长的一代大儒吴莱，专攻学问，有《渊颖集》传世。他的学生、明初著名文学家宋濂尊称其为"长芗公"。

来长芗书院讲学的欧阳玄，著述颇丰，他是编修辽、金、宋三史的总裁，另有《圭斋集》16卷传世。

此外，据《书林清话》记载，元大德九年(1305)长芗书院与浮梁、鄱阳、乐平州学、德兴的初庵书院等合刻《隋书》(唐·魏征)85卷。该书现存中国国家图书馆。

重启千年学风，庚续百代文脉。自2015年9月成立景德镇市市长芗书院文化研究会以来，我们启动了长芗书院的复建工作。围绕书院的复兴，突出其讲学、藏书、文化研究的三大功能，着力打造长芗讲坛、长芗书库、长芗文丛三大品牌。2016年的世界读书日期间，长芗讲坛首开讲座。长芗书库建设也于2016年6月启动。

现在我们推出的"长芗文丛"的编辑出版工作也备受各界关注。该丛书的编辑出版，旨在秉承书院著书立说的优良传统，以关注国学、关注地方文化为重点，不定期地编辑出版文化读物或学术专著。景德镇是历史文化名城，是千年古镇。"长芗文丛"的编辑出版如果能够为古镇文化建设贡献绵薄之力，这正是我们长芗书院所欣慰的。

长芗书院

2017年1月

前 言

　　景德镇是举世闻名的瓷都，近两千年的制瓷历史，深厚的陶瓷文化积淀，使之当之无愧成为一座历史文化名城，成为世界陶瓷产地之翘楚，成为许多陶瓷爱好者心目中的圣地。

　　本书作者基于景德镇深厚的历史文化积淀，在地方文化普及上做了一些探索，并着手省级课题研究，历时数年创作发表了浓缩景德镇历史沿革、陶瓷史、陶瓷名人、陶瓷历史遗迹以及景德镇自然人文为主要内容的《瓷都三字经》。《瓷都三字经》作为乡土教材在市区部分学校的推广使用，得到了各级领导的重视以及社会各界的关注，研究成果被评为全省第二届"教学科研优秀成果"。课题相关活动入选 2007 年江西省第二届未成年人思想道德建设工作创新案例。省教育期刊《江西教育》做了专栏介绍，江西电视台、《信息日报》以及景德镇各大媒体对《瓷都三字经》的创作予以了关注。

　　2014 年，为了适应中小学校对地方教材、校本教材的需要，《瓷都三字经》曾作为景德镇市昌江区中小学地方教材使用。

　　2016 年，"瓷都三字经"入选为江西省基础教育教学成果培育项目，并予以了资助。为积极推进项目工作，加大对教育教学成果的推广力度，经荷塘乡中心学校研究，决定正式出版《瓷都三字经》。

此次出版，以作者原著为基础，对部分文字进行了修订补充，并增加了部分图片。

本书出版过程中得到了景德镇学院张德山教授、韩晓光教授、原浮梁县史志档案局局长冯云龙、乐平市地方志办公室徐天泽等的大力支持，长芗书院在前期排版设计、丛书出版上予以了支持，在此一并致以诚挚的谢意！

由于作者水平有限，不足之处在所难免，敬请读者批评指正。

编　者

2017 年 1 月

目 录

CONTENTS

瓷都三字经

瓷史篇

景德镇，号瓷都，瓷文化，誉全球。

秦汉前，地属番，晋新平，镇昌南。

唐置县，名易三，曰新昌，曰浮梁。

宋真宗，年号冠，景德名，千载传。

水与土，宜于陶，瓷之始，肇汉朝。

贡陶础，献陶兽，陈以来，名始著。

唐青瓷，假玉器，五代时，创白瓷。

宋青白，饶玉夸，赢御名，耀中华。

元青花，釉里红，彩绘兴，瓷誉隆。

设瓷局，元代始，建官窑，产御器。

明御窑，集大成，五彩艳，斗彩珍。

清康乾，称盛世，昔陶阳，十三里。

传青花，玲珑瓷，颜色釉，粉彩瓷。

称神技，数薄胎，夺天工，有瓷雕。

白如玉，明如镜，薄如纸，声如磬。

著陶记，载陶说，撰陶录，咏陶歌。

行九域，及外洋，瓷之国，都名扬。

瓷人篇

陶瓷史，泥与火，人辈出，才俊多。

晋赵慨，师主尊；明童宾，封窑神。

唐陶玉，霍仲初，名瓷匠，世所崇。

周丹泉，工仿古；精薄胎，昊十九。

挛窑技，魏氏传；崔公窑，民窑冠。

督陶官，推唐英，陶图成，留英名。

月圆会，王琦倡，聚八友，于珠山。

王大凡，落地彩；刘雨岑，水点法。

青花王，称王步；曾龙升，擅雕塑。

毕老虎，谓渊明；胡献雅，国画精。

今瓷人，艺传承，誉大师，世家称。

地灵篇

我瓷都，地广袤，倚鄱湖，八县交。

管珠昌，辖浮乐，地灵秀，物丰硕。

昌江河，源祁门，达长江，泽瓷城。

御窑址，龙珠阁，为城徽，势巍峨。

博览区，古作坊；陶瓷馆，名瓷藏。

湖田村，民窑址；高岭山，载瓷史。

明青园，雕塑馆，祥集弄，品陶斋。

莲花塘，佛印湖；三闾庙，遗风古。

旸府山，寺名扬；虹桥起，新昌江。

古名镇，称丽阳；今荷塘，美名扬。

郭璞峰，月亮湖，冷水尖，风景殊。

旧城西，宋红塔；古县治，第一衙。

瑶里秀，金竹翠，诸仙奇，玉田美。

洪岩洞，称仙境；翠平湖，菜乡兴。

众埠街，诞十军，红土地，建功勋。

浮梁茶，古驰名；今得雨，国宴饮。

矿藏富，聚宝盆，煤矿业，兴乐平。

人文篇

涌山岩，旧石器；沽演村，新石遗。

尚礼教，兴书院，古浮梁，育英贤。

汉吴芮，封长沙；宋汪澈，佐君王。

李椿年，改革家，朱貔孙，谏名夸。

理学家，数朱宏；教育家，吴迁公。

鄱饶地，古昌江，遗址在，见沧桑。

彭汝砺，状元郎；彭大雅，事略传。

刘彦昺，开国功；陈文衡，廉吏颂。

倡理学，有余祜；史惺堂，名士风。

昔泊水，文阜殷，饶娥孝，泪滩情。

洪公节，容斋书；马氏文，通考著。

袁闻柝，固海防，抗日寇，泽台湾。

戴良谟，数学家；汪兼山，法学家。

古戏台，赣剧兴；石凌鹤，剧家名。

崛起篇

新中国，百废兴，陶瓷业，焕新生。

日用瓷，工艺精，艺术瓷，享盛名。

建筑瓷，发展快，工业瓷，兴未艾。

门类全，分工明，产学研，创高新

兴教育，建陶校，育桃李，满天下。

重科研，立陶所，汇精英，结硕果。

畅交流，搭平台，瓷博会，呈异彩。

窑火旺，瓷乐响，舞翩跹，颂华章。

筑机场，通高速，昔码头，今坦途。

建重镇，兴旅游，创特色，新瓷都。

瓷史篇

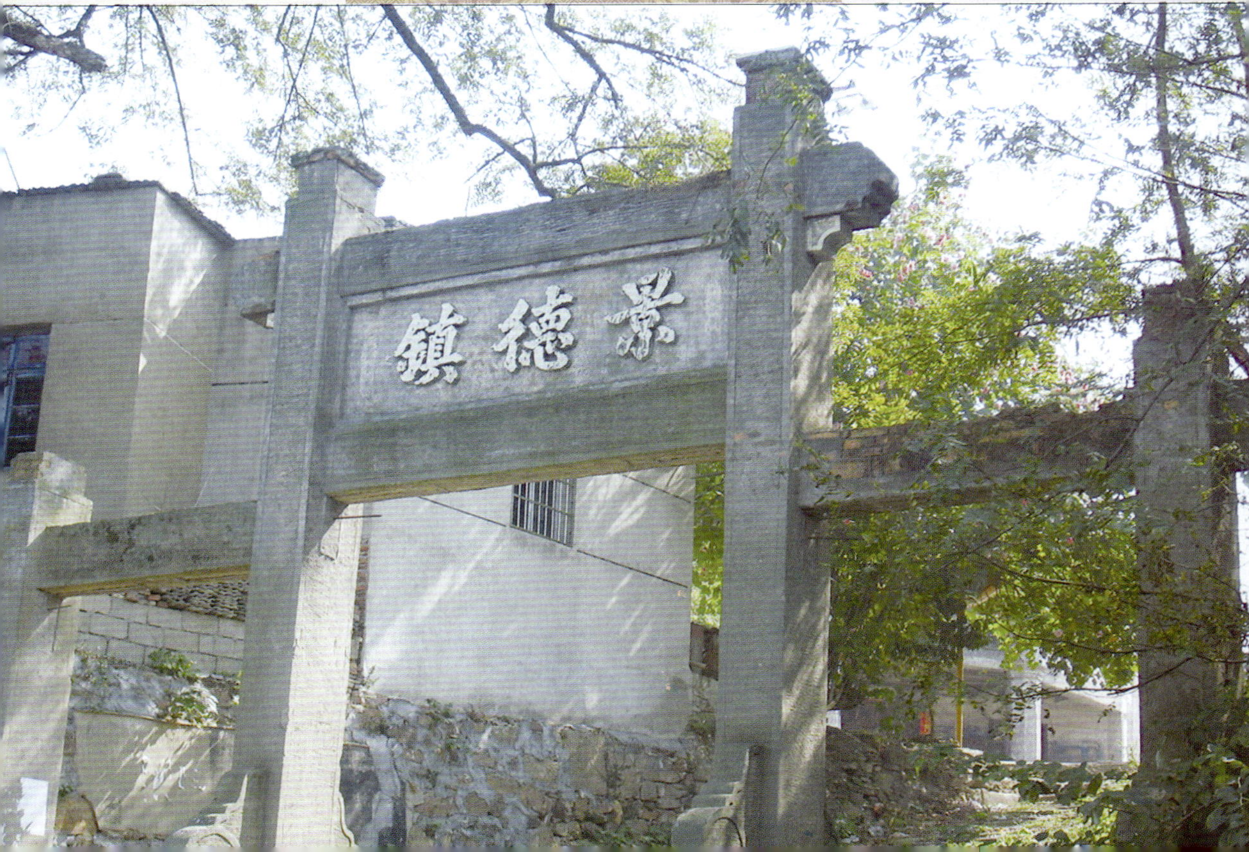

景德镇　号瓷都
瓷文化　誉全球

景德镇古称江南雄镇，历史上与湖北汉口镇、广东佛山镇、河南朱仙镇并称为中国四大名镇。1982 年，该镇被国务院列为首批公布的 24 座历史文化名城之一，1997 年被国家旅游局列为向海外推介的 35 个王牌景点之一。近年来，景德镇先后获得"创建全国文明城市工作先进城市""中国优秀旅游城市""国家园林城市""全国绿化模范城市""中国十佳古城""世界手工艺与民间艺术之都"等荣誉称号。

景德镇地处江西省东北部的赣、皖、浙三省交界处，地理位置优越，是鄱阳湖生态经济区的重要城市，也是赣东北的经济中心城市，面积 5256 平方公里，人口 165 万，下辖一市一县两区，为江西省 11 个设区市之一。

郭沫若在景德镇题诗

江泽民题词

　　"中华向号瓷之国，瓷业高峰是此都"。景德镇是举世闻名的瓷都，有着1700余年的制瓷历史，有着极为丰富的陶瓷历史文化积淀，有着绚丽多彩的人文和自然景观，为世界陶瓷产地之翘楚，成为海内外陶瓷界顶礼膜拜的圣地。陶瓷是景德镇的立市之本、称都之源，其制瓷历史"始于汉世，起于唐，兴于宋，盛于明清"。瓷器是中华民族的伟大发明，是中华民族灿烂文化的象征。千百年来，景德镇以其制瓷历史悠久、工艺技术精湛、产品美轮美奂代表着中国陶瓷艺术的最高成就，书写了一页又一页的光辉篇章，不仅铸就了享誉世界的瓷都品牌，而且为世人留下了珍贵的陶瓷历史遗迹。如今，景德镇传统手工制瓷技艺和窑炉营造技艺被列入《全国首批非物质文化遗产名录》。

秦汉前　地属番
晋新平　镇昌南

景德镇在远古时代，境内已有人类活动。20 世纪 60 年代于乐平涌山考古发现旧石器时代遗存，80 年代于浮梁江村乡沽演村发现的古石器遗物，为新石器时代器物。

商代景德镇为"扬州之域，地属古番（番古音为 pó）"，春秋时为楚国东南境。公元前 504 年，吴伐楚取番，吴灭入越，越灭复入楚，历史上有"吴头楚尾"之称。公元前 221 年，秦并天下，分天下为 36 郡，本地属九江郡番县。秦灭后复属楚。西汉初番县称番阳县，东汉改为鄱阳县，地属豫章郡，三国时属吴地。西晋时属江州。东晋于昌南设新平镇，史载：陶侃擒江东寇于昌南，遂改昌南为新平镇，隶属江南。总之，自远古至晋代，景德镇一直属于番地——秦称番县，汉以后称鄱阳县。在景德镇这块土地上设镇，是从东晋时开始的。

新平镇因处昌江之南，故又名昌南镇，唐代设置新平县以后，新平镇之名为昌南镇所取代。据《景德镇市志》载：唐武德年间（618—626），镇民陶玉载瓷入关中，称假玉器，且贡于朝，于是昌南镇因瓷而名闻天下。

雕塑——吹釉

唐置县　名易三
曰新昌　曰浮梁

　　从东晋至唐初三百年间，新平地区的经济、文化，尤其是陶瓷业，都有很大的发展。唐高祖武德四年（621），新平镇从鄱阳县分离出来，设置新平县，与鄱阳县同属饶州管辖。这是景德镇地区设县的开始，也是这一地区发展的一个标志。

　　新平县在唐代县名三易，县治三迁。

　　新平县初设时，县治位于新平镇以北 50 公里的新定、化鹏两乡之间，即现今的浮梁县江村乡沽演村一带，当时的新平县范围较大，包括了今安徽省祁门县的一部分。唐玄宗开元四年（716），将县治迁至新昌江口（今旧城的东南岸），县名易为新昌县。昌江水源丰沛，河流纵横，易于泛滥，人们

昌南镇仿古城楼

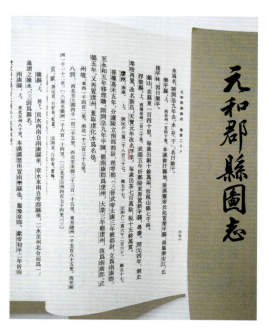

《元和郡县图志》对浮梁置县的记载

多伐木为排，浮江而下，新迁的县治，也常遭受水淹。唐玄宗天宝元年（742），"新昌更名为浮梁，为上县"。"浮梁"二字形象地概括了这个县水多木多的特征。唐代宗永泰二年（766），"析浮梁北境与歙州置祁门县"。唐宪宗元和年间（806—820），因县治屡遭水淹，徙西北高阜，即浮梁县衙

唐代饶州行政区域图

旧址（今浮梁镇）。至此，浮梁县治在这里固定下来，延续了一千多年，直至民国时期。

浮梁县从唐代至清代，属饶州、饶州路或饶州府管辖。唐代隶属江南西道饶州府，宋代属江南东路饶州府，元成宗元贞元年（1295），浮梁县升为州，隶属江浙行省饶州路。明太祖洪武二年（1369），又改州为县，属江西布政使司（省）饶州府。

宋真宗　年号冠
景德名　千载传

　　景德镇的名称，始于宋真宗景德元年（1004）。据《宋会要辑稿》载：江东东路饶州浮梁县景德镇，景德元年置。

　　"景德"是北宋真宗皇帝赵恒的五个年号之一。用皇帝的年号命名一个小镇，足以说明当时宋王朝对这一地区的重视。

　　景德镇之名因瓷而生。据史志记载，景德镇地区早在汉代就开始烧造陶器。从近年来的考古发现来看，景德镇及其周边地区，制陶的历史可上溯一万年以上的历史。如景德镇涌山发现的原始软陶、夹砂夹碳陶、彩陶等，印证了人类由"石器时代"向"陶器时代"进步的历史。2012年，离景德镇地区仅1千米的万年仙人洞吊桶环遗址出土的古陶器，距今2万年。三国、两晋、南北朝时期，南方经济有明显的进步。景德镇的陶瓷业得到进一步发展。陶器生产已进入瓷器阶段。到唐代，当时昌南镇因生产有"假玉器"之誉的瓷器而声名鹊起。宋代是景德镇瓷业发展的一个重要时期。据清代蓝浦《景德镇陶录》记载，在宋真宗景德年间（1004—1007）烧造的瓷器，瓷土白腻，颜色滋润。宋真宗命令将这时生产的昌南镇瓷献给朝廷。这些瓷器的色泽"光

北宋真宗皇帝像

致茂美"，深得真宗皇帝的赏识，应官府之需，刻"景德年制"于器，于是"天下咸称景德镇瓷器，而昌南之名遂微"。景德镇美名传至今日已逾千年。

景德镇自始名之日起，直到公元 1949 年景德镇解放时的几百年间（除了 1927—1929 年曾一度置市，不久仍为镇），一直为浮梁县辖镇。明清时期，景德镇已成为中国四大名镇之一，被誉为"瓷都"，仍为浮梁县辖镇。民国时期，景德镇已成为赣东北的政治、经济、军事、文化中心，江西第五行政督察专员公署所在地，但仍然是浮梁县辖的一个城镇。

1949 年 4 月 29 日，景德镇获得解放，5 月 5 日从浮梁县分出，置市，初名景德市，后易名景德镇市，1953 年 6 月 15 日升为省辖市。1960 年，浮梁县建制撤销并入景德镇，成为市郊县区，1988 年恢复县建制，归景德镇市管辖。1983 年 7 月 27 日经国务院批准，上饶地区的乐平县划归景德镇管辖，并将鄱阳县的鱼山公社和荷塘垦殖场划归景德镇市昌江区管辖。1992 年 10 月，乐平县改为乐平市，其辖属关系不变。

水与土　宜于陶
瓷之始　肇汉朝

　　瓷都景德镇千年窑火不断，赖有陶瓷资源上的得天独厚。《景德镇陶录》说："景德镇水土宜陶，陈以来土人多业此。"

　　在景德镇的群山中，蕴藏着丰富的优质陶瓷原料，各种原料多达 40 多种。据地质部门勘查，景德镇地区的煤、锰、海兰泡、瓷土是省内居优势的矿藏，尤其是制瓷原料，虽经千余年开采，储量仍很丰富。特别是高岭土更为举世瞩目。它最早开采于景德镇浮梁县瑶里镇高岭村。高岭土含三氧化二铝约 35%，质地优良，性能稳定，可塑性强，含铁量少，因而久负盛名。高岭土的发现和二元配方的广泛使用，大大提高了瓷器的物理性能，使得烧制更大、更薄、更复杂的瓷器成为可能。18世纪初（1712—1722），法国传教士昂特雷科尔（汉名殷宏绪），在景德镇居住了 7 年，研究瓷器

高岭土

生产工艺，将高岭土介绍到欧洲，并引起轰动。1869 年，德国地质学家希霍芬到景德镇考察，著文介绍高岭土，音译成 "kaolin"。从此，凡与高岭村所产性质相同的瓷土，统称为 "高岭土"。高岭土成为国际通用名词。高岭村也就成为高岭土命名的渊源地。

　　与高岭土同为制瓷的重要原料之一的瓷石，分布广、储量高。瓷石被舂制成块状，景德镇人俗称之为 "不（dǔn）子""白不"。制瓷胎的泥巴，就是白不加高岭土混合而成。因此，高岭土、瓷石成为景德镇瓷业发展的不可

或缺的重要元素。

　　贯穿景德镇全境的主要河流昌江河，不仅其河床稳定、水质优良，可用来调和瓷土，有利于提高瓷器的质量，而且昌江河支流众多，在古代为瓷器和原材料的运输，以及利用水为动力的水碓粉碎瓷矿石，提供了极大的便利。据资料统计，在景德镇境内最昌盛时水碓超过6000支，每当春夏水发，车轮旋转，水碓翻腾，响声隆隆，清代凌汝绵《昌江杂咏》诗云："重重水碓夹江开，未雨殷传数里雷。"可见当时之盛况。

　　此外，景德镇地区处黄山余脉，拥有广袤的森林资源，其中尤为丰富的松木资源为景德镇历史上大量烧造瓷器提供了优质燃料。

　　景德镇水土宜陶，得以成就其悠久的陶瓷历史。《浮梁县志》记载："新平治陶，始于汉世。"新平镇是景德镇最早的名称。它从汉代开始制造陶器，至今已有两千多年的历史。汉代制造的陶器，大抵属于原始瓷器或早期瓷器。

涌山出土西汉五孔连体陶灯

贡陶础　献陶兽
陈以来　名始著

汉代以后，南方经济有明显的进步。景德镇的陶瓷业也有了进一步发展，陶瓷产品也随着产量的增加远销境外，并开始为朝廷所注意。据《江西通志》载，公元583年（南朝时陈至德元年），陈叔宝即皇位，在建康（今南京）大造宫室，下令新平镇为华林园烧制陶瓷柱础，供御用。当时，新平镇已制出雕镂精致的陶础，只因强度不够而未被采用。这虽是一次失败的记录，但景德镇瓷业名声却因此传开了。

进入隋代，著名建筑家、工艺家何稠为研制琉璃瓦，曾前来景德镇进行试烧，并成功烧造出了琉璃瓦。这一试验的成功，提高了景德镇烧瓷的温度，使景德镇的陶瓷业生产步入一个新的发展时期。隋大业中（605—617），景德镇终于首次烧出了两座狮象大兽，并贡献给显仁宫，而进入皇室。它标志着此时景德镇制瓷水平已达到一个新的高度。

史书称：景德镇的瓷业，"自陈以来名天下"。

碑铭——冶陶

唐青瓷　假玉器
五代时　创白瓷

中国是世界上最早制造瓷器的国家。唐代，制瓷业迅速发展起来，出现"南青北白"的发展态势，北方有以生产白瓷著称的邢窑（现在的河北省内丘县），南方有以生产青瓷著称的越窑（现在浙江省绍兴、余姚一带）。景德镇地近浙江，属于青瓷系统。青瓷是指含铁量在1%~3%的胎釉，经高温还原烧制，获得从青白色到暗绿色一系列浓淡不同的色泽的统称，其特点是瓷土细腻，胎质薄，瓷化程度高，釉色晶莹润泽。

唐高祖武德年间（618—626），当时新平镇有两个制瓷名匠，一个叫陶玉，一个叫霍仲初，他们烧制的瓷器"莹缜如玉"，被誉为"假玉器"，且贡于朝，分别称为"陶窑"和"霍窑"。正是他们"载瓷入关"，"制器进御"，景德镇瓷器才广为人知，名扬天下。陶窑、霍窑是当时烧制青瓷的著名窑场。唐德宗建中年间（806—820）颜真卿等文人游景德镇地区云门寺吟诗唱和，有"素瓷传静夜，芳气满闲轩"之句；唐宪宗元和年间（806—820）饶州刺史元崔选瓷贡朝廷，柳宗元代他写了《进瓷器状》，称这里的瓷器"艺精埏埴，制合规模"，以上有力地说明了景德镇在唐代已具有较高的制瓷水平。

除文献记载外，近年来的考古发现也印证了早在唐代景德镇地区就已经生产出了精美的瓷器。这其

景德镇兰田窑出土唐代青绿釉碗

中以兰田唐代窑址最为著名。

2012 年，经国家文物局批准，由北京大学考古文博学院、景德镇陶瓷考古研究所和江西省文物考古研究所组成了联合考古队，对景德镇兰田窑址进行了考古发掘。

兰田窑址

兰田窑窑址位于浮梁县湘湖镇兰田村金星自然村西北的万窑坞山坡上，东距景德镇市区约 20 公里，南距南河约 1 公里。兰田村万窑坞所处的湘湖镇南河流域一带，分布有 30 余处晚唐、五代至北宋时期（主要是 9~10 世纪）的窑址，是瓷都景德镇制瓷业发展历史上早期窑业最重要的中心。这里自古经济繁盛，人文环境优越，窑业生产具有得天独厚的条件。此处地处丘陵山区，柴薪充裕，水、陆交通便利，又有南河连通昌江，具有烧造瓷器的天然条件。

此次发掘出土了丰富的晚唐、五代时期的遗物。出土的瓷器主要有 3 类，即青绿釉瓷器，青灰釉瓷器和白釉、青白釉瓷器。出土器物的种类丰富，除了常见的碗、盘、执壶、罐等器物外，还发现了一些十分罕见的器物，有些在景德镇古代窑址中首次发现，如腰鼓、茶槽子、茶碾子、瓷权、瓷网坠，等等。发掘成果证明景德镇的制瓷业创始的时间可以早到中晚唐时

唐代青瓷腰鼓
（南窑出土）

青瓷腰鼓

杨梅亭窑遗址

期。兰田唐代窑址为龙窑，平面呈长条状，方向北偏西36度。窑炉总长28.7米，宽1.9米（窑内最宽处），残高0.1~0.7米。该窑炉由窑门、火膛、窑床、窑前工作面四部分所组成。

景德镇地区五代（907—960）时的制瓷成就，有大量被发现的窑址实物可做证明。杨梅亭（一名胜梅亭）、白虎湾、盈田村、黄泥头是目前已发现的南方地区烧造白瓷最早的窑址。这些窑既有青瓷片，也有大量白釉碎片出土，说明这一时期的景德镇不仅瓷业兴盛，而且对宋代青白瓷（又名影青瓷）的烧造有着承前启后的重要影响。

杨梅亭位于景德镇市竟成镇杨梅亭村，西北距湖田村约2公里。窑址呈长形堆积，南北长25米，东西宽20米，由村东过小溪300余米(画眉楼一带)亦见有大量碎瓷片。整个遗址分布约2700多平方米，瓷片、窑具散见于全村每个角落。堆积中以窑具为主，有常见的漏斗式匣钵、桶式匣钵，还有底部微斜、中间开孔的桶式匣。窑具有垫柱，以夹沙的黏土做成；漏斗式匣钵及圈状或饼状"垫饼"是以黏土加粗料制成。器物残片中有五代的青釉碗、盏、壶；白釉碗、盏。其青瓷酷似越窑产品，白瓷胎细腻致密，很像唐代邢窑产品。二十世纪五十年代初期，著名陶瓷专家、故宫博物院研究员陈万里先生来此调查，认定器物残片为唐代产品。

宋代瓷器有影青高足碗、花口小足碗、浅圈足篦纹碗、芒口刻莲瓣纹碗、三足香炉、粉盒和涩胎斗笠碗。这些影青釉瓷、器型规整、细致精巧、胎质细腻、釉色精美。所用原料仅为瓷石一种，釉色洁白纯正。

杨梅亭窑盛产白瓷，产品精良，它是中国南方地区最早生产白瓷的窑场之一，其白瓷生产技术对影青瓷的生产具有重大影响。杨梅亭窑由盛而衰的历史也是景德镇瓷业由各原料产地向昌江边景德镇老城区迁聚的发展历史。

1959年，杨梅亭窑址被江西省政府公布为省级文物保护单位。

此外，近年来对位于乐平的南窑遗址的考古发现，其烧造瓷器的年代为中晚唐时期，是景德镇境内目前已知最早烧造瓷器的窑址遗存。为此，该窑址的发掘被评为2013年全国十大考古新发现。

乐平南窑遗址（徐天泽摄影）

宋青白　饶玉夸
赢御名　耀中华

　　宋代，景德镇烧造的风行海内的名瓷当数青白瓷。

　　青白瓷，另有"影青""隐青""映青""罩青"等别名。它的特点是青中泛白，白中显青。宋代全国有官、哥、汝、定、钧五大名窑，而景德镇窑以成功创烧青白瓷，形成了并列于定窑、磁州窑、耀州窑、钧窑、龙泉窑等窑系的青白瓷窑系。而且青白瓷系影响面之大，在宋代六大窑系中居于首位。青白瓷的器形多种多样，有碟、盘、碗、杯、执壶、注碗、盏托、罐、瓶、钵、盒、枕、炉、人物塑像、皈依瓶等。北宋前期青白瓷多光素无纹，中期以后，大量运用刻花、篦点、篦划等装饰手法，南宋以后，印花装饰大为盛行。纹饰图案主要有牡丹、莲荷、水波、婴戏等。

　　景德镇烧制的青白瓷胎薄釉净，色泽青白，质优工巧，因而很受当时人的赞叹和青睐。北宋英宗治平二年（1065）状元、吏部尚书彭汝砺在《送许屯田》诗中说："浮梁巧烧瓷，颜色比琼玖。"琼玖，美玉之泛称。另据南宋蒋祈《陶记》中载："景德镇陶，昔三百余座。埏埴之器，洁白不疵，故鬶于他所，皆有饶玉之称。其视真定红磁，龙泉青秘，相竞奇矣。"说明南宋时期可以和

北宋影青双系盘口壶

北宋瓷俑

　　"真定红磁""龙泉青秘"相齐名的景德镇青白瓷，在市场上都是以"饶玉"相称的。饶玉，景德镇唐以来属饶州府管辖，因瓷质如玉，故称。

　　宋代，景德镇的制瓷业十分发达，窑业分布广泛。南河流域是当时窑业最为集中的地区，除早已闻名天下的湖田窑外，进坑、黄泥头、盈田、南市街等地窑业一度兴盛。

　　进坑位于浮梁县湘湖镇西南面，距景德镇市中心 10 公里。南宋蒋祈在《陶记》中载："进坑石泥，制之精巧，湖坑、岭背、界田所产已为次矣。"在进坑百业坞发现的瓷石矿洞，经鉴定为目前景德镇发现的唯一一个五代瓷石矿洞遗址，是世界上已知最早最为完整的原生态矿洞。在矿洞周围 500 米范围内分布有宋元窑址 20 余处，主要有百业坞五代矿石洞遗址，五代、北宋窑遗址，油榨坞窑遗址，国山下龙窑遗址，仓坞龙窑遗址，双河口窑遗址等。窑业堆积上的瓷片为青白瓷，达到了景德镇北宋中后期的制瓷水平。双

青白瓷碗

河口古窑址面积约有 3000 平方米，遗存器物丰富，胎质细腻，釉色透明，纹样以半刀泥牡丹、卷草、海水纹最为特色，采用一器一匣仰烧装烧方法。主要有壶、碗、盘、盏等，壶类较精，尤其是瓜棱壶最佳。经考察判断该窑址年代为北宋时期，为研究宋代以前景德镇以原料产地建窑生产的瓷业布局及产品特征提供了丰富的实物资料。

进坑窑业堆积

黄泥头古瓷窑遗址位于距景德镇市中心 7.5 公里的丘陵河谷地带，北侧为黄泥头小学，东侧是景婺(景德镇——婺源)公路，再往东约 50 米是南河，窑址面积达 5000 平方米，遗物呈山丘状堆积，高数十米，有东西两个较大的堆积层。西堆主要是青瓷和白瓷；东堆以影青瓷为主，亦见青釉瓷片。从采集的遗物标本观察，青瓷与白瓷均采用支钉迭烧法，影青瓷采用匣钵与垫饼的单体仰烧法，其烧造工艺与湖田窑五代与北宋的装烧形式相似，故此推断，该窑址兴烧于五代，终烧于北宋。从出土的瓷片标本看，青釉瓷胎为灰色，胎骨较浑厚，胎质细腻，釉色青亮，极似越窑"蟹壳青"之色。产品有碗、盘、壶等，碗盘类为大足唇口、撇口

进坑古窑瓷片

黄泥头窑址

或花口，壶为瓜棱式，型制特征与同时期的湖田窑近似。白瓷为白胎，瓷质纯细，胎体略薄，产品特征与青釉瓷相似，但碗类多为唇口。影青瓷胎质洁白细腻，釉色微青泛白，亦有闪黄者。品种有碗、盘、壶等，产品特征与湖田窑北宋影青瓷基本无异。该窑址从整个产品看，制作规整，质地较佳，是景德镇五代至北宋时期较有代表性的古瓷窑址。1983年，该窑址公布为景德镇市文物保护单位。

盈田位于浮梁县湘湖镇南河南侧的河洲上，离景德镇市东10公里处，分布有14处窑业遗存。遗存中出土的瓷片均为白胎影青瓷，产品主要是碗类，器型特征为圈足或假圈足、撇口或唇口、弧壁，有的内壁有简单的篦纹。胎质均细腻洁白，釉层薄而透明，多闪黄或泛白。盈田古瓷窑遗址影青瓷的胎釉质地基本相似，器物造型除大小各异外亦无较大差异，为同一时期的产品。窑址形制为长形龙窑，青瓷和白瓷均采用支钉选烧法装烧，影青瓷均采用一器一匣仰烧法装烧，这与景德镇各窑址中五代和北宋的装烧形式一致。该窑址未发现优质的影青瓷，产品较湖田窑影青瓷逊色，该窑场在北宋后期逐渐衰落终烧。

景德镇在宋代因创烧青白瓷器而独树一帜，并因制瓷出名而得以用皇帝宋真宗的"景德"年号为镇名，由此开始逐步走向全国的制瓷中心。

元青花　釉里红
彩绘兴　瓷誉隆

2005 年 7 月，英国伦敦佳士得"中国陶瓷工艺精品及外销工艺品拍卖会"上，一件绘有"鬼谷子下山图"的元代景德镇青花瓷罐以 1568 万英镑（折合人民币 2.3 亿元）的天价成交。这一价格创造了陶瓷艺术品拍卖价格的世界纪录。

元青花使景德镇成为全国制瓷中心，使中国成为世界瞩目的"瓷国"。

元世祖忽必烈建立元朝，1278 年，元王朝在景德镇设立了"浮梁瓷局"掌管烧造瓷器，促使景德镇瓷业出现了许多新工艺、新装饰、新器形和新图案。元代早期，瓷器生产以青白瓷、黑釉瓷和卵白釉瓷为主；元代中期，卵白釉瓷上升到了重要地位，并创烧了青花瓷；元代晚期，青花瓷烧造已达成熟，并产生了釉里红、青花釉里红、红釉、蓝釉、孔雀绿釉等品种。青花是元代景德镇工匠成功烧制的一种釉下彩瓷器。它是以含钴的矿物颜料先在瓷胎上绘画，再经上釉后烧制出的蓝白花纹相间的瓷器。

釉里红瓷，是以铜红料在胎上绘画纹饰后，罩以透明釉，在高温还原焰气氛中

鬼谷下山图瓷罐

青花牡丹纹兽耳瓶

元代青花釉里红香炉

烧成，使釉下呈现红色花纹的瓷器。元代青花、釉里红的出现，开辟了由素瓷向彩瓷过渡的新时代，在中国乃至世界制瓷史上具有划时代的意义。青花从元代至今有七百多年的历史，始终盛产不衰。景德镇当之无愧成为瓷都，成为青花圣地。

在瓷业发展史上，元代是一个承前启后、技艺创新的重要时期。由于各种条件的影响，到了元代后期，全国乃至世界真正代表瓷器生产时代特点的是景德镇窑。

故宫博物院研究员、国家文物鉴定委员会副主任、中国古陶瓷学会会长耿宝昌，在 2006 年景德镇元青花国际学术研讨会召开期间撰文指出：景德镇元青花的成功烧制，极大地丰富了陶瓷装饰，使中国陶瓷进入了以彩绘为主流的新阶段，为青花艺术的创新与发展积累了极为丰富的传统文化内涵，同时，促进了外贸和中外文化的友好交往，为景德镇成为全国的制瓷中心奠定了坚实的基础，在使中国成为世界瞩目的瓷国上也起到至关重要的作用。

设瓷局　元代始
建官窑　产御器

在古代，瓷窑素有官窑、民窑之别。官窑，即官方创办的窑厂。封建社会的官窑是专为皇宫内院制造皇上用的瓷和皇帝赏赐臣僚的御瓷的御窑厂。

景德镇御窑厂萌于元初，兴于明清，绵延六百多年。2014年，御窑厂被国家文化部命名为"国家考古遗址公园"。

北宋初景德镇设窑丞，督造瓷器。公元1278年，元世祖忽必烈在景德镇设立第一所官窑——浮梁瓷局，专为元皇室烧造御用瓷器。《元史·百官志》载："浮梁瓷局，秩正九品，至元十五年立。掌烧瓷器，并漆造马尾棕、藤笠帽等

官府监造瓷款

事。大使、副使各一员。"元代景德镇成功地造出枢府瓷、青花瓷和釉里红瓷，为明清两代御窑厂制瓷工艺的高度发展奠定了基础。

明代洪武年间设置御器厂。明灭清兴后，顺治十一年（1654）朝廷改御器厂为御窑厂。民国初年，袁世凯复辟，建号洪宪，仿效明、清两代皇帝派遣陶务监督到景德镇督造御用瓷器。这同他的洪宪帝制一样只是昙花一现罢了。

明清御窑厂，位于珠山之南，占地45万平方米。明代，御器厂的建筑

清代御窑厂图

分管理和生产两部分。管理部分为典型的封建衙门建筑。生产部分的建筑，分"作"兴建。"作"与现代车间类似。御器厂分大碗作、酒盅作、碟作、盘作等 23 作。御器厂的窑分风火窑、色窑、大龙缸窑、匣窑等 6 种共 92 座。清代基本上维持明代御器厂的"厂署规制"。

朝廷设置御器厂，随即委派专门负责管理御器厂的官员，名为督陶官或称督陶使。明代的督陶官，一般以中官（即宦官）充任。清代统治者改变明代的做法，革除中官督陶，而由朝廷直接派员任督陶官。在用工制度上，明代初期实行匠役制，工匠的来源，大部分是通过编役、上班等形式，小部分是通过雇募的形式而来的。御器厂的性质，实际上就是一种匠役制度下的工场手工业。清代初期，明令废除匠籍制度，御窑厂基本实行雇募制。

明、清两代官窑，涌现了众多著名的窑器，它们品种兼备，风格齐全，光彩夺目，精美绝伦。明代官窑产品，按习惯皆冠以帝王年号，如洪武窑、永乐窑、成化窑等，清代除以帝王年号称呼外，也有以督陶官吏姓氏冠首，如康熙（1662—1722）时著名的臧窑、郎窑，雍正（1723—1735）时的年窑，乾隆（1736—1795）时的唐窑等。

明御窑　集大成
五彩艳　斗彩珍

　　明代是景德镇制瓷业的兴盛时期。当时，中国瓷器"至精至美，莫不出于景德镇"（《古今瓷器源流考》），景德镇一举成为"天下窑器所聚"的中国瓷都。景德镇从此进入了一枝独秀、独领风骚 600 多年的辉煌历史时期。

　　创于元代的青花瓷在明代得到进一步的繁荣和进步。明永乐、宣德时期是青花瓷烧制最优秀的时期，被称为青花瓷的黄金时代。颜色釉瓷器走向成熟和发展。铜红单色釉瓷器（也叫祭红）突破以往的成就，达到了新的高度，因其通体纯红、光彩夺目，又被称为宝石红。明代斗彩瓷、五彩瓷的烧制成功，成为中国彩瓷史上的又一高峰。

　　斗彩是将釉下青花与釉上红、绿、黄、紫等色彩绘巧妙地"逗"（斗）在一起，形成争奇斗艳的效果。斗彩瓷器在宣德时期创烧，成熟于成化时期。成化时期流传至今的斗彩瓷器已成为稀世珍宝。

　　五彩是多彩之意，是釉上彩，有的也釉下配青花。五彩同斗彩一样，

鸡缸杯图

卵白釉堆塑龙纹梅瓶

一般也经两次烧成。嘉靖以后，五彩瓷开始大量生产。

此外，明代景德镇单色釉的成就也十分突出。甜白釉瓷创烧于永乐年间，这种瓷器胎体很薄，能够光照见影。

明代景德镇"集天下名窑之大成，汇众家技艺之精华"，制瓷业规模空前。明前期有御窑29座，分烧不同品种的瓷器，宣德以后增为58座。宫廷需要瓷器的数量很大，嘉靖、万历时期，有几年每年烧制的瓷器在十万件左右。

明代御窑在景德镇的设立，也带动了景德镇民窑的发展。民窑比御窑的生产规模大，从业人员不下数万人。形成"官民竞市"的局面，出现了"工匠八方来，器成天下走"（清代沈嘉徵《窑民行》诗句），"陶舍重重依岸开，舟帆日日蔽江来"（明代缪宗周《兀然亭》诗句）的壮观景象。民窑的发展，极大地提高了景德镇瓷器的产量，使得"行销九域"的景德镇瓷器基本上是民窑瓷器。到了明代中期以后，景德镇的瓷器几乎占据了全国的主要市场。

清康乾　称盛世
昔陶阳　十三里

　　景德镇制瓷业经过自汉以来1700多年的发展和积淀进入清代，瓷器的生产工艺和产量达到了历史的最高水平。康熙、雍正、乾隆三朝是清代景德镇制瓷业的极盛时期。其制瓷技艺更趋娴熟精湛，品种更加丰富多彩，集历代南北名窑之大成。"品质之精，造型之多，彩釉之丰富，无不登峰造极"。

　　著名的珐琅彩就是景德镇在康熙时期引进西洋珐琅彩料，并在装饰手法上接受欧洲装饰技巧的某些影响而创制的。珐琅彩瓷器的制作异常精良，它先从景德镇御窑烧制的白瓷中挑选质量最好的白瓷到皇宫造办处，由御用画师或聘请欧洲画师，用油画技法作画，然后再次入窑焙烧，艺术效果极佳。由于珐琅彩瓷是为满足宫廷需要而特制的优质瓷，成本高、产量低，从问世之日起就是皇室专用的"内廷秘玩"，未在民间普及，所以历来被视若拱璧。珐琅彩创始于康熙时期，至雍正、乾隆时期，其制品更为出色。2006年，香港佳士得拍卖会上，一件清乾隆御制珐琅彩杏林春燕图碗，以1.5亿多元

珐琅彩杏林春燕图碗

彩瓷瓶粉

颜色釉梅瓶

港币成交，一举创下清代瓷器拍卖价格纪录。

在雍正时期，景德镇的瓷工们又在康熙五彩的基础上，参照珐琅彩的制作工艺，创造出一种新的釉上彩——粉彩。粉彩瓷的制作是在白瓷釉面上勾成图样，再填上一层"玻璃白"然后用彩料描绘洗染，入彩炉烘烧而成。雍正粉彩的淡雅柔丽名重一时，粉彩瓷为世人喜爱，后发展成景德镇彩瓷生产的主流，西方人誉之为"玫瑰族瓷器"。

在清代200多年的时间里，景德镇瓷工们在颜色釉瓷器的制作上有许多新创造和发明，如郎窑红、美人醉等。郎窑，是指康熙时，江西巡抚郎廷极在景德镇督造御窑时出产的瓷器。郎窑红是在仿制明代宣德宝石红釉的基础上发展起来的。郎窑红里外施釉，高温焙烧，釉层开片，色泽浓艳欲滴，红如宝石，光可鉴人，是景德镇颜色釉瓷器制造的突出成就。

明清两代，景德镇一跃而成全国的制瓷中心，成为享誉世界的瓷都，由此景德镇的城市规模也得到飞速发展。成书于清代嘉庆年间的《景德镇陶录》记载："其自观音阁江南雄镇坊至小港嘴，前、后街，计十三里，故有'陶阳十三里'之称。"旧时景德镇人多以陶为业，故有陶阳的别称。"千窑升火，万匠制瓷，商贾盈市，舳舻蔽江"是当时景德镇的写照。清代督陶官唐英回顾景德镇的盛况时论道："其人居之稠密，商贾之喧阗，市井之错综，物类之荟萃，几与通都大邑。"

道光年间景德镇图

传青花　玲珑瓷
颜色釉　粉彩瓷

　　景德镇集天下名窑之大成，汇众家技艺之精华，成为举世闻名的瓷都。典雅素静的青花瓷、明净剔透的玲珑瓷、五彩缤纷的颜色釉瓷、色彩艳丽的粉彩瓷，是景德镇的四大传统名瓷，一向被人们视为瓷中瑰宝。

　　青花瓷器以其颜色青翠欲滴、永不褪色、纹饰清新明丽、幽靓雅致、釉质晶莹柔润、白中泛青的特色，被誉为"人间瑰宝"，历来为景德镇四大传统名瓷之首。景德镇青花创于元，成熟于明，盛于清。新中国成立以后，青花瓷器的生产有了巨大的发展。其产品不仅为国家机关、我国驻外使馆、单位团体、大型宾馆、饭店所选用，而且成为我国外交礼仪的珍贵礼品。如1972年美国总统尼克松访华时，周恩来总理送给他一套名贵青花餐具；1978年邓小平访日时以青花文具礼赠日本皇太子福田首相。

　　现代景德镇青花瓷从总体上看，釉质白里泛青，青料发色青翠，造型美观大方，装饰有古朴典雅的艺术效果。1979年景德镇人民瓷厂生产的青花梧桐餐具荣获国家优质产品金奖，1984年又荣获法国莱比锡、捷克布尔法、波兰波兹南国际博览会三枚金质奖章。此外，景德镇民间青花也获得很大的发展，除广泛使用的日用瓷外，艺术陈设瓷不断创新，产品深受人们的喜爱。

青花缠枝纹梅瓶

长芗文丛

青花梧桐餐具

　　青花玲珑瓷器，又称"米通""米花""芝麻漏"，西方人称之为"嵌玻璃的瓷器"。玲珑瓷的制作即把泥坯镂成米粒状花洞，再上釉填平，入窑烧成，明澈透亮，故称玲珑。玲珑瓷产生于宋代，盛行于明代。景德镇瓷工在同一件瓷器上，既绘有青花纹饰，又有透明的"玲珑"，创造出世界上独树一帜的青花玲珑瓷器。清代，景德镇御窑厂制作的青花玲珑瓷器已具有较高水平，但生产数量很少，仅供宫廷使用。新中国成立以后，景德镇青花玲珑瓷制作工艺有了巨大的进步，不仅装饰的造型广泛，题材丰富，而且创新出彩色玲珑。以往玲珑一直是单色——碧绿，现在，已发展为红、黄、绿、蓝许多色调，被称为"五彩玲珑"。20 世纪 80 年代，景德镇产的青花玲珑瓷两次获国家金奖，并获国际金质奖章。

　　青花玲珑瓷是我国进入欧美市场最早、外销地区最广、换取外汇最多的

青花玲珑瓷器

高温颜色釉瓷瓶

瓷器产品之一。如今，它畅销于 100 多个国家和地区，即使是瓷器出口大国，如日本、美国等，也每年从景德镇大批购进青花玲珑瓷器，可见人们对它的喜爱程度。

颜色釉瓷器是用多种金属氧化物和天然矿石着色剂，装饰于坯胎上，经过 1300℃以上高温焙烧而成的瓷器。它釉面五光十色，斑驳璀璨，被誉为"人造宝石"。

景德镇的高温颜色釉是在五代的青瓷、宋代的影青瓷基础上发展起来的。到元代，景德镇瓷工成功烧造了卵白釉。青花和釉里红问世后，蓝釉和铜红釉便烧制成功。明代景德镇高温颜色釉有了很大发展，最为宝贵的是永乐、宣德年间的祭红。在清代康、雍、乾三朝，颜色釉进入鼎盛时期，既有集数种色釉于一器的三阳开泰，又有变幻莫测的窑变花釉，还有别具一格的茶叶末结晶釉。

新中国成立以后，濒临失传的景德镇颜色釉"枯木逢春"，迅速得以恢复和发展，研制逐渐科学化。到 20 世纪末，景德镇恢复生产了高温颜色釉 47 个品种，新创 24 个品种，其中钧红、郎窑红、窑变花釉、三阳开泰、玫瑰紫、宝石红等高温传统名贵色釉超过历史最高水平，并且获得多项国际国内大奖。20 世纪 80 年代研制成功的高温稀土花釉——彩虹釉，1989 年获国家发明奖，1990 年获 39 届尤里卡国际发明金奖。

粉彩瓷器是景德镇瓷器釉上装饰艺术中的一种，是景德镇四大传统名瓷之一。粉彩形成于明末清初，素有"始于康熙，精于雍正，盛于乾隆"之说，迄今已有 300 多年的历史。它以粉润柔和、色彩丰富、画工细腻、富丽堂皇的独特风格而蜚声中外。2010 年 11 月，清乾隆粉彩镂空"吉庆有余"转心瓶在英国拍卖行以 5.54 亿元人民币的高价拍出，不仅刷新了中国瓷器的世界拍卖纪录，而且创中国艺术品拍卖世界纪录。

吉庆有余镂空鱼尾瓶

粉彩的技法多变，风格各异。既有严整工细、刻画入微的工笔，又有淋漓潇洒、明洁简练的写意。其精微之处，厘毫有别，豪放之处，清新秀逸。

王大凡粉彩大富贵亦考图瓷板

粉彩瓷器的装饰题材十分广泛，人物花卉、山水风景、飞禽走兽都可上瓷。它具有浓厚的中国画风格，画面线条纤细秀丽，形象生动逼真，富有立体感。

粉彩瓷器的造型优美，品种繁多，有花瓶、瓷碗、皮灯等单件品种，也有屏风、文具、茶具、咖啡具等配套品种；有小至几件的瓷瓶、鼻烟壶，也有大至万件以上的大型瓷瓶，口径 1 米左右的瓷缸和镶嵌在厅壁上长达 10 多米的大型瓷器壁画。

称神技　数薄胎
夺天工　有瓷雕

"只恐风吹去，还愁日炙销"。这是古人称誉景德镇薄胎瓷的著名诗句。

薄胎瓷，俗称"蛋壳瓷"，是景德镇久负盛名的特种工艺传统产品，以其"薄似蝉翼，亮如玻璃，轻若浮云"的特色，被称为"神技"。

景德镇制作薄胎瓷器有近千年的历史。宋代的影青瓷瓷化程度高，滋润透影，薄而轻巧，以"质薄腻""体薄而润"见称。到明代，永乐甜白脱胎和万历昊十九所制的"卵幕杯"，薄如蝉翼，映着光能照见指纹。从此，薄胎工艺从一般制瓷工艺中分离出来，并且有了"脱胎瓷""卵幕杯""流霞盏""皮蛋盅"等专称，发展成为一种专门的制瓷工艺。清代康熙、雍正年间出品的白釉薄胎瓷器，已经达到了只见釉不见胎的"真脱胎"的程度。

薄胎瓷的制作，从配料、拉坯、修坯、上釉到装匣，都有一整套严格的技术要领和工艺要求，如修坯一般要经过粗修、精修，反复数十次，才能将粗坯精修至两三毫米，以至蛋壳一般厚薄，难度之大可想而知。由于薄胎瓷的制作难度大，过去只能生产小件产品。新中国成立以后，景德镇制作薄胎瓷的工艺有了新的发展，

粉彩薄胎瓷灯罩

长艿文丛

不仅品种由十几种发展到上百种，而且烧制成功了高度达100厘米的薄胎瓶和口径达100厘米左右的薄胎碗这样的大件产品。此外，薄胎瓷的装饰从画面的题材、风格以及装饰方法上不断创新，一件件稀世珍品被创造出来。1992年，景德镇艺术瓷厂生产的直径87厘米的斗笠形薄胎碗，内外壁绘有442幅神态各异的京剧脸谱，底部书有1046个汉字。当时，这件薄胎碗在北京的拍卖价高达百万美元。

国宝——元青花釉里红楼阁式谷仓

在瓷都景德镇，不仅有饮誉海内外的四大传统名瓷和晶莹轻巧的薄胎瓷，而且有千姿百态、巧夺天工的雕塑瓷。瓷器雕塑是一种传统的民间艺术，被誉为"景瓷艺苑一枝花""东方艺术明珠"。

景德镇陶瓷雕塑，历史悠久。据记载，早在隋朝大业年间，就雕塑出狮象大兽，奉献在显仁宫。宋代的影青瓷雕品种丰富，有供奉的观音、供观赏的小动物，有实用的孩儿睡莲、瓷枕，有陪葬的十二生肖、俑等，风格灵巧、典雅、秀丽。元代，不但品种和产量大有增加，而且工艺水平大有提高，风格雄健、豪放、凝重。明代的瓷雕加彩流行，佳作纷呈。现存四川峨眉山报国寺的大瓷佛，是明洪武年间景德镇烧造的，高2.47米，佛体、佛座雕塑精良，形态优美，装饰华丽，是明代佛瓷代表作。清代，景德镇已成为我国重要的瓷雕产区之一，所产瓷雕，畅销国内外。康熙年间首次创制的"素三彩猫"，身内可点蜡烛或油灯，夜间双目明亮，据说能恐吓老鼠。

新中国成立后，景德镇瓷雕面貌焕然一新，无论是产量、品种，还是瓷质、技法都前所未有，呈现出一派争奇斗艳的繁荣局面。20世纪50年代的瓷雕中，突出的作品有"天女散花"，现为故宫博物院收藏。60年代至70年

现代佛教题材陶瓷雕塑

代的瓷雕代表作品有各个时期的毛泽东头像和现代人物，如中国美术馆收藏的"雷锋"半身塑像。80 年代以后，景德镇瓷雕获得很大发展，不仅恢复了200 多种传统瓷雕，而且创作了大批新作品，如"水浒 108 将人物"群塑，每座高 50.8 厘米，神态各异，逼真传神，堪称我国陶瓷雕塑史上罕见的佳作。进入 21 世纪以来，瓷雕生产题材广泛，表现技法多样化，圆雕、捏雕、镂雕、浮雕等技法常常综合运用，创作出无数瓷雕精品。景德镇市雕塑瓷厂生产的"散花牌"瓷雕先后荣获国家和国际博览会金奖。"滴水观音""十八罗汉""天女散花""披纱少女""六鹤同春"等著名雕塑以及各式龙船、动植物雕饰、壁挂，深受中外人士喜爱。2004 年，一条长 1.98 米，高 0.86米的特大型瓷雕工艺作品"船载《大观园》"在瓷都问世。它由民间陶瓷艺人吴建华历时近三年精心制作完成，龙船上 142 个《红楼梦》人物栩栩如生，创造了瓷雕龙船艺术世界之最，堪称"旷世珍品、国之瑰宝""千年绝品"。

白如玉　明如镜
薄如纸　声如磬

　　景德镇是举世闻名的瓷都，景德镇瓷器以"白如玉，明如镜，薄如纸，声如磬"的特色风靡世界。"四如"特色历来为世人称颂。

　　以玉喻瓷古来有之。唐初武德年间，当时的新平人霍仲初、陶玉所制瓷器，"色素质薄，佳者莹缜如玉"，称为"假玉器"，且"贡于朝"。宋代青白瓷的烧造成功，使景德镇瓷器赢得了"饶玉"的美名。明代，有"东方莎士比亚"之称的戏剧家汤显祖，著文称"浮梁之瓷，莹于冰玉"。清朝，一代封建帝王乾隆皇帝十分喜爱景德镇的瓷器，并题诗夸赞道："世上朱砂非所拟，西方宝石致难同"，"白玉金边素瓷胎，雕龙描凤巧安排"。清人龚鉽在其《陶歌》诗中有"武德年称假玉瓷，即今真玉未为奇"。景德镇瓷自古以来便有"玉"的美称。

　　"明如镜"这是瓷器施釉的效果反映。在唐五代青釉、白釉的基础上，宋代景德镇青白釉的创造和应用，使瓷器胎体不仅温润如玉，而且明澈见

薄胎瓷碗

瓷磬

瓷编钟

影。元、明、清以来的景德镇颜色釉瓷，洁净如玉，光可鉴人。"薄如纸"的特色在景德镇薄胎瓷中最能得到体现。薄胎瓷往往只有数毫米的厚度，能达到照光透影的效果。瓷胎"薄如纸"的比喻当是恰如其分的。

古籍载，"瓷"为"陶器坚致者"。瓷较陶硬度和密度更高了，敲击有铿锵之声。磬，古代打击乐器，用玉或石做成，悬在架上，形略如曲尺。古代，人们就利用陶瓷制作乐器。"声如磬"的特色在现代被研究开发成瓷乐器，其表现力十分丰富，可谓"奇瓷神韵"。

1959 年，谢觉哉来景德镇视察后赋诗一首《游景德镇》，其中就有"风格四如传古代，车轮载誉越重瀛"。

钱其琛题词

著陶记　载陶说
撰陶录　咏陶歌

　　瓷都景德镇千年窑火不断，烧造了无数美轮美奂的陶瓷精品。千百年来人们对景德镇瓷器的记述和研究代不乏人。颜真卿、柳宗元、彭汝砺、宋应星、汤显祖等在诗文中称誉景德镇瓷器。元代（一说南宋）蒋祈所著《陶记》，清代朱琰的《陶说》，蓝浦、郑廷桂著辑的《景德镇陶录》，龚鉽的《陶歌》为后人对景德镇陶瓷文化的研究提供了不可多得的史料、文献依据。当代已故著名古陶瓷专家冯先铭主编的《中国陶瓷》一书，用了全书三分之一的篇幅述及景德镇陶瓷，宋元以后景德镇陶瓷业的发展实际上已成为全国陶瓷业发展的一个缩影。

　　《陶记》作者蒋祈，生卒年不详，《浮梁县志》载为元代人。现代著名陶瓷考古学家刘新园认为蒋祈为南宋人，《陶记》著作年代为宋嘉定七年至端平元年（1214—1234）间。《陶记》全文虽只有 1081 个字，但内容丰

《景德镇陶瓷文化古籍文献精粹》书影

富，对景德镇陶瓷生产的原料产地、生产关系、制造过程、窑场建筑、窑器品种、瓷器贸易等情况多有记述，是中国历史上乃至世界上最早的瓷器专论，20世纪早期就被译成英、日等文传到国外。

《陶说》的作者朱琰，字桐川，别号笠翁，海盐人，进士，曾任直隶富平知县，后为江西巡抚吴绍诗的幕僚。《陶说》叙述了我国陶瓷的历史，详细地说明陶瓷制作的源流和各种器物制度，全书分6卷：《说今》《说古》《说明》《说器上》《说器中》《说器下》。《陶说》一书虽不是景德镇瓷的专著，但述及景瓷的文字近一半。该书原跋中说"自有明以来，惟饶州之景德镇独以窑著"。《陶说》广泛流传，对宣传、介绍景德镇瓷有着十分重要的影响。

《景德镇陶录》，清代浮梁县景德镇人蓝浦、郑廷桂著辑。蓝浦，字滨南，号耕余。郑廷桂是蓝浦的学生。蓝浦生长于景德镇，耳濡目染，对景德镇的瓷器生产比较熟悉，编辑陶录未成而早逝。20年后，郑廷桂因被聘为当时浮梁知县刘丙家庭教师，郑廷桂才得以将先师蓝浦遗著《陶录》补续成书，并定名为《景德镇陶录》。

《陶记》书影　　　　　　《陶说》书影　　　　　《景德镇陶录》书影

全书共分十卷。详细记录了景德镇陶瓷的生产、规制、工艺、经营、贸易及风土民俗，汇集了全国有关古陶瓷的文献资料，并"博考群书，旁及诸陶"，扼要地介绍了各地民窑、名窑的工艺和特色。《景德镇陶录》是我国第一部全面阐述景德镇古陶瓷业的著作。

《陶歌》作者龚鉽，字季适，南昌人。清嘉庆年间，龚鉽曾在浮梁当幕僚多年，与景德镇瓷业工人多有交往。他根据瓷工窑户言谈和劳作情况创作诗歌百首，后整理出六十首，题为《陶歌》。现存清道光四年版《景德镇陶歌》。《陶歌》以七言绝句诗对景德镇瓷自采石、制不（dǔn）、做坯、画坯、上釉、装匣、满窑、烧窑、开窑到出售等环节进行了具体生动的描述。此外，对当时的名窑以及陶俗、风物多有歌咏。每首诗后都附有简短原注，对瓷器的烧造过程略做说明。这些诗歌不仅具有鲜明的文学价值，而且具有独特的史料价值，历来为研究者所重视。

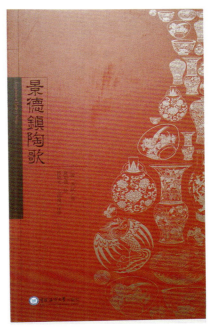

《景德镇陶歌》书影

行九域　及外洋
瓷之国　都名扬

瓷器是中国的伟大发明。中国被称为"瓷国"。景德镇自宋代创烧青白瓷器而被御赐镇名以来，逐步成为全国的制瓷中心，成为享誉世界的瓷都。

据清人蓝浦、郑廷桂的《景德镇陶录》载："昌南镇陶器行于九域，施及外洋，事陶之人，动以数万计，海樽山俎，咸萃于斯，盖以山国之险，兼都会之雄也。"

那么，景德镇瓷器是如何走向全国，走向世界的呢？

唐代，景德镇瓷器就有"假玉器"的称誉，被贡奉朝廷，并走向全国。宋元时期，景德镇陶瓷产品拥有相当广阔的市场，取得了与真定红瓷、龙泉青秘三分天下的地位。宋应星在《天工开物》中写道："合并数郡。不敌江西饶郡产……若夫中华四裔驰名猎取者，皆饶郡浮梁景德镇之产也。"明清时期，随着各大名窑的日趋衰落，景德镇成为"天下窑器所聚"，以致"其所

《天工开物》书影

"南海一号"打捞出景德镇瓷器

被自燕云而北，南交趾，东际海，西被蜀，无所不至，皆取于景德镇，而商贾往往以是牟大利"（《江西省大志》）。景德镇瓷器在国内陶瓷市场上居于首屈一指的地位，说景德镇瓷"行于九域"，是毫无夸张的，也是与其作为全国制瓷中心的地位相一致的。

　　景德镇瓷器不仅"行于九域"，而且"施及外洋"，成为我国重要的出口商品之一。两宋时期朝廷因财政困难，"一切倚办海舶"，奖励外贸，不遗余力。广州、泉州均设置市舶司。景德镇瓷器，主要经过这两大商港，通达海外大小50余国。元代，意大利人马可·波罗在游记中说："元朝瓷器运销到全世界。"景德镇的青花瓷已较多地销往阿拉伯地区。内陆交通，主要是沿着"丝绸之路"运瓷器，从内地运至新疆，进入中亚细亚的沙漠草原，然后到达波斯，再到地中海各国。明代初期，郑和七下西洋，促进了瓷器等贸易在国外市场的扩大。景德镇瓷器随之越洋过海，销往东南亚及西方诸国，远至东非各国。近年来，"南海一号""南澳一号"等海上考古发现宋代、明代大量的景德镇瓷器。以瓷器为主的海上贸易路线，被现代人称为"陶瓷之路"。"陶瓷之路"与"丝绸之路"成为景德镇瓷器走向世界的两条重要通道。

陶瓷史　泥与火
人辈出　才俊多

　　景德镇两千多年的陶瓷历史，使一个小镇成就为举世闻名的瓷都。这期间，千年不断的窑火，同样也孕育出一代又一代杰出的能工巧匠和陶瓷艺术家，是他们用自己的智慧和汗水，在水与火的洗礼中，创造了景德镇瓷业的繁荣。

　　在古代，由于封建社会的历史局限性，许多能工巧匠和优秀陶瓷工艺家及其事迹只能从一些稗官野史和口碑流传中获得一鳞半爪的印象。这与景德镇自明清以来成为全国制瓷中心、被称为瓷都是极不相应称的。在清代鼎盛时期，景德镇"工匠八方来，器成天下走"，无数的人间瑰宝被创造出来，而这些瓷工和陶瓷工艺家却被湮没在历史的烟尘里。如今据史料可查、名载经典的巧师名匠不足百人，史料的缺失，令人遗憾。然

《景德镇陶瓷艺术家辞典》书影

而，尽管如此，在仅有少数的陶瓷历史人物中依然能瞥见瓷工匠人的风采。

　　新中国成立以后，随着陶瓷业的复兴，景德镇的陶瓷业空前繁荣，名家辈出。景德镇瓷工中涌现出一批批陶瓷工艺美术师、陶瓷艺术家和陶瓷专业教授，陶瓷从业人员队伍专业化水平更高。目前，景德镇具有中高级职称的陶瓷人才多达 1000 人，陶瓷从业人员数以万计。2003 年，由中国文联出版社出版、由邹继艺先生主编的《景德镇陶瓷艺术家辞典》一书辑录的当今仍在景德镇从事陶瓷艺术创作、研究、教学及设计的陶瓷艺术家、陶瓷艺术工作者 600 多位。

晋赵慨　师主尊
明童宾　封窑神

在景德镇，晋代的赵慨、明代的童宾是被当地陶瓷业祀奉并被神化了的人物，在历史上一直受到瓷业工人的敬仰。他们俩与另一位被称为陶神的中国上古传说中最早的陶官宁封子，一起成为景德镇陶瓷业供奉的"三圣"。瓷业"三圣"公祭，自清朝雍正年间盛行至今，现成为中国景德镇国际陶瓷博览会重要活动之一。

赵慨，字叔朋，又名万硕，生卒年不详，相传他生于西晋，在晋时曾官至五品，先后在浙江、福建、江西等地为官。赵慨曾在产瓷地区为官，对陶瓷生产技术颇懂。他来到景德镇地区后，将从浙江、福建等产陶瓷地区学到的技术传给当地人，使当地的陶瓷制作技术有了新的进步。后来，人们把赵慨当作师祖看待，顶礼膜拜。到了明洪熙元年（1425），景德镇御窑厂始建师主庙，称赵慨为佑陶之神。明孝宗弘治年间，师主庙修葺，并刻《师主佑陶庙碑记》于石碑上。自此以后，历年香火旺盛，镇上的工人和市民朝庙者络绎不绝。而且，后来每次陶瓷行业举行迎神赛会以及工人行帮的重要节日的活动，都要祭祀师主和在庙中聚会。

童宾（1567—1599），字定新，明代景德镇里村童街人，被当地人称为窑神，风火仙神。童宾幼年读书，秉性刚直，因父母早丧，投师学艺，在御器厂做工。明万历二十七年（1599），太监潘相任江西矿使兼理景德镇窑务，督造大器青花龙缸，久不成功。潘相便对窑户进行"例外苛索"，派役于民并对瓷工进行鞭打其至捕杀。瓷工衣食不得温饱，处境十分凄惨。童宾目睹瓷工的苦状，非常愤慨，竟以自己身体为炼瓷的窑柴，纵身窑火内以示抗议。等到次日开窑，窑工们发现龙缸居然烧成功了。童宾跳窑自焚之后，激

童宾塑像

起了全镇瓷工的义愤，并引发民变，焚烧厂房。在工人们的强烈要求下，官府不得已，在御窑厂内为童宾修祠祭祀，祠名"佑陶灵祠"，尊童宾为"风火仙"。清代，朝廷封童宾为广利窑神，并建庙塑像。风火仙庙在明、清两代一再修葺，终年香火不绝，遇年逢节，更是热闹非常。清代督陶官年希尧、唐英均为其作记。

唐英题词碑铭

唐陶玉　霍仲初
名瓷匠　世所崇

中国是世界上最早制造瓷器的国家，据考古发现，在公元 3 世纪的汉末到魏晋时，我国已发明了瓷器。唐代，制瓷业迅速发展起来，并出现了邢窑、越窑等著名窑口。有着"新平治陶、始于汉世"之说的景德镇地区，其制瓷业也同样得到发展，特别是当时两个著名瓷匠的出现，使景德镇地区的瓷器名噪一时。这两个人，一个叫陶玉，一个叫霍仲初，他们是景德镇漫长的陶瓷历史长河中，最早被史料记载下来的著名瓷匠，对后世影响深远。现在，位于景德镇城西南盘龙岗上的陶瓷历史博物馆就供奉有这两位制瓷名匠的塑像。

陶玉是景德镇（当时叫新平镇，又叫昌南镇）钟秀里人，世代以烧制陶瓷为业。陶玉精于制瓷，其器"土惟白壤，体稍薄，色素润"，远销关中平原。唐高祖武德年间，陶玉将自己所制的瓷器运到当时的帝都长安城，他的瓷器被人称为"假玉器"。后来传到皇城宫廷中去，被选作贡品，这样，不仅陶玉出了名，由他所烧制的瓷器被称为"陶窑"及名不见经传的山区小镇昌南镇从此也名扬天下。

霍仲初也是本地区的东山里人。他是当时的制瓷能手，颇有声望。他烧制的瓷器有独特之处，"瓷色亦素，土善

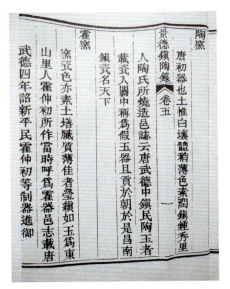

《景德镇陶录》对陶窑、霍窑的记载

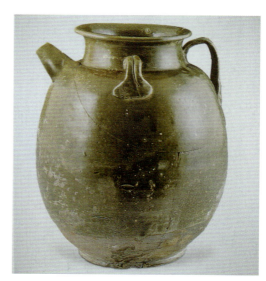

景德镇南窑出土唐代青釉执壶

腻，质薄，佳者莹缜如玉"。当时，霍仲初所烧制的瓷器称"霍窑"。唐武德四年（621），新平镇开始设置县，称新平县。同年，朝廷下诏，令霍仲初等人专为宫廷烧制瓷器，贡献给朝廷，以供皇帝御用。

　　陶玉、霍仲初这两位制瓷能手，由于技艺高超，不仅为自己赢得"陶窑""霍窑"的称号，而且以"假玉器"之誉，大大提高了景德镇地区所产瓷器的声望。难怪，唐代著名文学家柳宗元，在为当时的饶州刺史元崔进贡瓷器，而代写的进瓷器状中对景德镇瓷器大加赞誉。唐代之后，景德镇瓷器历经五代、宋、元、明、清的飞跃发展，终于成为全国瓷器中的翘楚，应该说，这与唐时陶玉、霍仲初这样的一代代著名瓷匠的创造是分不开的。

周丹泉　工仿古
精薄胎　吴十九

　　周丹泉，名时臣，字时道，号丹泉，别号湘南、清乾居士，祖籍江苏苏州，生活的年代大约为明代隆庆、万历年间。他是明代仿古瓷制作的名家。

　　周丹泉自幼诵读诗书，但无意于功名，精心研究制造瓷器，逐渐成为烧造瓷器的能手。他最具特长的是能制造仿古瓷，其作品可以达到以假乱真的境地，因此每当一件精品出手，四方的人都不惜重金收购，以至千金竞市，供不应求。相传，周丹泉有一友，姓唐，官居太常寺卿。一日，周丹泉过常州，唐太常以家藏古代定鼎示之，半年后，周丹泉再过常州，将自己仿造古代定鼎置于友前。这位唐太常看了半天，两鼎竟然难以分别。于是用40两银子将仿制古鼎买下来予以收藏。若干年后，有个淮安人士杜九也好古鼎，从唐太常的孙子那里，用千金买了周丹泉仿制的那只鼎。周丹泉制造的仿古瓷如此精致神肖，于是名声大振。《景德镇陶录》说到周丹泉的仿古瓷，称其"于博古家，虽善于鉴别者，亦为所惑"。周丹泉还擅长于用瓷土制作印章、辟邪、龟象、连环，等等，风格古朴浑厚，为世人所珍视、收藏。

　　同周丹泉成为明代景德镇仿古瓷高手一样，另一位身怀绝技的瓷匠名家成为明代景德镇薄胎瓷制作的第一高手，他就是吴十九。

周丹泉制娇黄兽面纹鼎式炉

昊十九像

　　昊十九，本姓吴，排行十九，故名十九，又称壶隐老人，江西浮梁景德镇人，生于嘉靖前朝，卒于万历后期，是著名的壶公窑的烧造者，以制造高度精巧薄胎瓷器而负盛名。昊十九出身于陶瓷世家，数代均以制瓷为业。他为人正直，聪明好学，工诗善画，制瓷尤精。最著名的产品有"卵幕杯"和"流霞盏"。"卵幕杯"曾被称为历史上九大登峰造极的瓷器之一，它薄如蛋壳，枚重不到一钱，轻若浮云。

　　早在明代，御史樊玉衡作诗曰："宣窑薄甚永窑厚，天下知名昊十九。更有小诗清动人，匡庐山下重回首。"另据清代王士祯在他撰写的《池北偶谈》中载："近日一技之长，如雕竹则濮仲谦，螺甸则姜千里，嘉兴铜炉则张鸣岐，宜兴泥壶则时大彬，浮梁流霞盏则昊十九……皆知名海内……"昊十九制瓷技术的精巧，已闻名全国。昊十九不仅是一个技艺精湛的制瓷名家，而且品格高尚，生活俭朴。清乾隆年间《陶说》作者朱琰在书中称其"性不嗜利，所居席门瓮牖而已"。景德镇瓷器历史上有这样一位技艺高超、品格高尚而又博学多才的名家，确实值得骄傲。至今，昊十九所制的留存瓷器已成为十分珍贵的文物。故宫博物院就藏有一只昊十九所作壶公窑娇黄凸雕九龙方盂，口有铭文"钧尔陶兮文尔质，龙逐润珠旭东壁，万历吴为制"，实为难得的珍品。

挛窑技　魏氏传
崔公窑　民窑冠

　　景德镇千年窑火不断，用以烧造的瓷器的窑炉，不仅窑炉结构不断改进，出现了宋元时期的马蹄窑、龙窑，元明之际的葫芦窑，清兴以来的镇窑，而且由于官窑的设立，又有官窑、民窑之分。

　　窑炉的砌结水平和结构优劣，直接影响所烧制瓷器的品相和质量，因此，在陶瓷行业的诸多辅助行业中，砌窑匠自古以来受到人们重视。据史料记载，景德镇本土魏氏家族，以砌结瓷窑著名，自元、明、清以来世代相传。在御窑中，魏氏专门负责砌窑，工钱比一般匠役要加倍给予。传说魏氏砌窑，师法秘传，外人无法仿效。魏氏所砌的窑，俗称"挛窑"（一作鸾窑）。清人龚鉽《陶歌》诗赞曰："魏氏家传大结窑，曾经苦役应前朝。可知事业辛勤得，一样儿孙胜珥貂。"

　　明代御窑厂的设立，使景德镇成为全国制瓷中心。这期间，民窑同样也得到了发展，并出现了"官民竞市"的局面。在众多的民窑中，明代隆庆、万历年间的崔公窑，曾称绝一时，号称民窑之冠。崔公，即崔国懋。他所烧制的瓷器多仿造宣德、成化官窑的窑器，产品精巧，与官窑瓷几无差别，因而名噪一时。崔公窑后来被载入陶瓷史册，为后人所敬仰。

挛窑

督陶官　推唐英
陶图成　留英名

　　景德镇官窑（御窑）自明初设置以来，前后 500 多年，为人类创造了无数珍宝。此间也出现了不少杰出的督陶官，尤其是清康熙、雍正、乾隆三朝的督陶官臧应选、郎廷极、年希尧、唐英等人对景德镇陶瓷的贡献十分大。

　　臧应选于康熙年间在景德镇御窑厂督陶，史称臧窑。臧窑瓷以蛇皮绿、鳝鱼黄、古翠、黄斑点四种色釉为最佳，并多有仿明宣德、成化青花五彩器精品传世。郎廷极于康熙晚期在景德镇督陶，其窑称郎窑，最著名的瓷器品种是"郎窑红"，法国人称之为"牛血红"。年希尧于雍正年间督陶，年窑瓷器选料考究，制作极具精雅，其仿宣德、成化窑器，工艺高超，往往不易辨认，色釉瓷丰富多彩，尤以粉彩娇艳夺目。

　　唐英（1682—1756），字俊公，号蜗寄，关东沈阳汉军正白旗人。唐英于雍正六年（1728）以内务府员外郎身份到景德镇驻厂办理陶务，至乾隆八

唐英塑像

《陶冶图说》局部

年（1743）结束瓷务离开景德镇，先后在景德镇 15 年，是景德镇御窑厂督陶时间最长，成绩最为卓著的督陶官。

唐英初到景德镇督陶，与工匠同食同住 3 年之久，专心致志钻研制瓷技术，不仅对原料精选、釉料配方、烧窑火候能很好掌握，而且在创新品种、仿造古瓷方面，可以达到随心所欲的程度，集合了各方面的精华，真正做到历代名窑无所不仿，无所不精。世人把唐英督陶时的官窑称为唐窑。唐窑珍品现在世界上许多博物馆都有收藏。

唐英的贡献是多方面的，除对陶艺的精研外，贡献最大的当是陶瓷理论方面。他编撰的著作有《陶务叙略》《陶冶图说》《陶成纪事》和《瓷务事宜示谕稿》等。尤其是《陶冶图说》，排列造瓷程序，共有 20 幅图，逐项编写说明，图文并茂，是对御窑厂也是对景德镇瓷业生产的科学总结和记载，是一部不朽的陶瓷文化的历史文献，不仅对中国而且对世界陶瓷的发展都产生了极为深远的影响。

月圆会　王琦倡
聚八友　于珠山

　　鸦片战争以后，中国民族工业受到严酷摧残，景德镇瓷业处于衰落困难之中，唯独在工艺技法方面还不断有所创新，尤其是"月圆会"和"珠山八友"以其顽强的精神，在绘画和技艺上很有造诣，为继承和发扬景德镇陶瓷艺术的优良传统做出了重大贡献。

　　1928 年，以王琦、王大凡等为首的艺人重组艺术团体，称"月圆会"，采取以画交友的方式，约定每月 15 日集会一次，题诗作画。他们的诗作，编成《雅集题诗》。因开始为 8 人，以后虽有增减，人们仍称之为"珠山八友"。"珠山八友"指王琦、邓碧珊、徐仲南、田鹤仙、王大凡、汪野亭、程意亭、刘雨岑（另一说为：王琦、王大凡、汪野亭、邓碧珊、程意亭、刘雨岑、何华滋、毕伯涛）。

　　王琦（1886—1933），字碧珍，别号"陶迷道人"，"珠山八友"发起人，是景德镇瓷相艺术的开拓者和写意人物画家。王琦擅长画人物，初画写意人物，后来画瓷板人物相（肖像画）有名。1910 年，浮梁县知事陈安曾题"神乎其技"四字匾额赠予王琦。此外，王琦还善诗、词、曲，书法亦佳，是当时景德镇瓷艺家中的领袖人物。可惜的是，王琦英年早逝，

王琦塑像

年仅 47 岁不幸病故。然而人们永远会怀念这个有成就的陶瓷艺术家和民间艺术社团的领头人。

"珠山八友"的锐意图新精神，在王大凡画《珠山八友雅集图》题诗中，得到充分反映：

道义相交信有因，珠山结社志图新。

翎毛山水梅兼竹，花卉鱼虫兽与人。

画法惟宗南北派，作风不让东西邻。

聊得此幅留鸿爪，只当吾侪自写真。

王大凡　落地彩
刘雨岑　水点法

　　"珠山八友"作为一个艺术社团在当时几乎集聚了景德镇陶瓷粉彩各名家。"八友"成员各有擅长，又相互交流，推陈出新，不断开辟陶瓷装饰新的领域。如王大凡的"落地粉彩"、刘雨岑的"水点桃花"等，都是在当时总结创造出来的陶瓷彩绘新技法。

王大凡塑像

王大凡粉彩舞双剑人物胆瓶

　　王大凡（1888—1961）名堃，号希平居士，原籍山西太原，后移居安徽黟县，所以又号黟山樵子。王大凡1888年生于江西波阳皇岗村，12岁随父来景学习陶艺，曾拜浙派画家汪晓棠为师。1915年，年仅27岁的王大凡以作品《富贵寿考》一举获得巴拿马国际博览会金奖。这是景德镇陶瓷艺术家获得的第一块国际金牌。

　　1924年，王大凡与王琦等人成立"瓷业美术研究社"，1928年又在王琦倡导下，组织并参加"月圆会"。王大凡潜心研究清末的浅绛画法，首创"落地粉彩"技法。"落地粉彩"清淡高雅，装饰效果好，即使半个世纪后的今天，仍受到人们崇尚和喜爱。新中国成立以后，王大凡艺术创作的天地更广阔了，创作了许多佳作，为祖国的陶瓷文化做出了卓越的贡献。

刘雨岑（1904—1969），祖籍安徽，原名玉城，又名雨城，别号淡湖渔，60岁以后又取名巧翁。1918年，年仅14岁的刘雨岑考入江西省三甲种工业学校饰瓷科，学习国画，主攻花卉和翎毛。1922年刘雨岑来到景德镇并开始陶瓷彩绘的创作和研究，先后参加"瓷业美术研究社"和"月圆会"，成为"珠山八友"中最年轻的一个。他创作了许多精湛的陶瓷粉彩花鸟作品，广为中外爱好者收藏。

刘雨岑对陶瓷美术最大的贡献是改革和创新。刘雨岑吸取清代花鸟画家恽南田、任颐的"没骨法"，而创"水点法"。后人尊称其为"水点大师"。刘雨岑创作的《水点碧桃花》构图大方，色调明快，格调新颖，被我国外交部选为外交用瓷。

刘雨岑致力陶瓷绘画艺术40多年，成就卓越，声名远播，1959年被授予陶瓷美术家称号，被吸收为中国美术家协会会员，并当选为全国政协委员。

刘雨岑塑像

青花王　称王步
曾龙升　擅雕塑

　　青花瓷是景德镇四大传统名瓷之首，古今中外大受欢迎，而在青花绘制中能够独步艺坛的，当推有"青花大王"美称的王步。

　　王步（1898—1968），字仁元，号竹溪，晚年自称"陶青老人"。他祖籍江西丰城，生于景德镇，自幼爱好绘画，9岁拜师学艺，曾在陶瓷名家吴霭生门下担任仿古青花的绘制工作。吴霭生病逝后，他便开始了自己的独立艺术生涯。他潜心钻研，刻意求新，采用水墨画的若干技法绘制青花，创作出简洁大方、清新秀美的作品而独领风骚，赢得世人的青睐，被人们誉为"青花大王"。在长达60多年的陶瓷美术工作中，他制作了数以万计的陶瓷精品。他的作品在国内外画册上广为发表，有的被国内外博物馆和鉴赏家收藏。王步不仅是景德镇陶瓷艺坛的杰出人才，也是中国乃至世界陶瓷界的一位功勋卓著的艺术伟人。

　　在景德镇的瓷雕艺苑，有一位与天津著名泥塑人"泥人张"齐名的"瓷雕曾"，他们并称"南曾北

王步作青花瓷画

曾龙升瓷雕作品

张"，闻名海内外，他就是一代瓷雕宗师曾龙升。

曾龙升（1900—1964），字龙生，江西丰城人，14 岁来景德镇，从事陶瓷雕塑 50 年。曾龙升的父亲和兄长都是雕刻木工，他从小就受到雕刻艺术的熏陶。从事陶瓷雕塑这一行，他曾一度痴迷忘情，呼之不应，别人叫他"曾聋子"。他对传统人物瓷雕龙有研究，所作《西藏佛》《十八罗汉》《济公和尚》等在市场上久负盛名，深受人们的喜爱。此外，曾龙升的动物、静物雕塑如鳜鱼、大象、怪兽、灵芝、佛手、寿桃等无不形象逼真、惟妙惟肖。1959 年，他为人民大会堂创作了一批人物瓷雕，其中有《天女散花》《屈原》《汤显祖》《文天祥》《陶渊明》《王羲之》等，作品手法精巧，风格严谨，人物表情细腻。1960 年，著名戏剧家田汉来景德镇参观，对他的作品钦佩不已，曾题诗赞颂：

禹鼎凌烟笔意殊，曾家绝艺蜚瓷都。

于今有鬼犹多事，喜得钟馗试剑图。

毕老虎　谓渊明
胡献雅　国画精

　　1972年，美国总统尼克松访华时，景德镇的一位艺人的瓷板画《虎》和《熊猫》被指名作为国礼送给尼克松。这位陶瓷艺人就是被称为"毕老虎"的陶瓷美术家、画虎大师毕渊明。

　　毕渊明（1907—1991），原籍安徽黟县。其父毕伯涛是景德镇陶瓷艺术名家，毕渊明14岁到景学艺，19岁便在绘画、书法、金石、诗词方向显露才华。毕渊明学习非常刻苦，除殚精竭虑、废寝忘食地学习芥子园画谱，向张大千、刘奎龄等名家学习外，还经常外出写生。学习画虎，他到动物园看虎，一看就是老半天。由于他的作品好、名声大，因而价值很高，亚、美、欧以及我国香港、澳门等地的收藏家都以重金购买他的作品，都以能收藏到"毕老虎"的画作为荣。

　　景德镇是一个神奇的地方，汇聚和造就了众多的艺术家。曾在景德镇陶瓷学院任国画教授的胡献雅，就是一位全国著名的国画大师。

　　胡献雅（1902—1996），江西南昌县人，1925年毕业于上海美专，工花鸟、山水，同时学习素描、油画、水彩。在学习期间，得到国画大师潘天

毕渊明画作

寿、刘海粟的教导，与著名画家张大千、傅抱石等多方切磋技艺。他从小仰慕清代大画家"八大山人"的人品和画品，潜心临摹和钻研。同时汲取徐渭、石涛、岳庐诸家之长，很快形成了自己独特的艺术风格。1933 年，他的国画《牡丹》《山水》参加加拿大万国博览会，并获奖。同时，又在上海出版《胡

国画家胡献雅 93 岁留影

献雅画集》，声名鹊起。1943 年，他的画作梅花图赠给英国首相丘吉尔。1960 年他为人民大会堂作《松鹰》《荷花翠鸟》《墨竹》《墨梅》，著名画家刘海粟题赞画作"苍秀惊奇"。晚年的胡献雅画技高超，画风恬淡清逸，古朴苍劲，许多作品显示了他以独胜巧、以朴胜艳的功夫，既有装饰美又有现实感，充满了诗情画意。

胡献雅一生创作之丰令人感叹，两次出版个人画集，20 多次举办个人画展，作品遍布全国，多幅画作被中国美术馆收藏。同时他在陶瓷绘画方面也颇有建树。他在景德镇陶瓷学院辛勤执教，为祖国培养了大批美术人才。

胡献雅是一位高寿、勤勉的画家，他在 91 岁高龄时作《九十自勉》诗，这样写道：

苍苍白发任垂肩，艺海扬帆志益坚。

敢把时光轻易度，澄怀力学乐余年。

胡献雅国画作品——春晴

今瓷人　艺传承
誉大师　世家称

　　当代景德镇随着陶瓷业的振兴，瓷苑芳菲，百花齐放，名家辈出。景德镇瓷人继承发扬传统，又不断地改革创新，陶瓷业出现空前的繁荣，古老的陶瓷艺术焕发新生，同时，也涌现出了一大批饮誉海内外的名家和大师。自1979年，国家举行首届中国工艺美术大师评审以来，至2010年景德镇的陶瓷艺术家共有23位获此殊荣。此外，景德镇还有中国陶瓷艺术大师27位，1994年经景德镇市政府授予"陶瓷世家"称号的共有24家，以及一大批身怀绝技的陶瓷工艺美术教授、副教授、高级工艺美术师、民间艺人和中青年陶瓷艺术工作者，可谓人才济济、世所罕见。

　　在景德镇众多的陶瓷艺术名家中，王锡良、秦锡麟、张松茂等中国工艺美术大师，如明星般熠熠生辉。

　　王锡良，原籍安徽黟县，1922年出生于景德镇，13岁师从叔父——"珠山八友"之一的王大凡，学习陶瓷绘画。新中国成立后，他被选拔进入景德

近年来出版的部分陶瓷艺术家画册

王锡良瓷板画作

镇市美术陶瓷工艺社。他虚心好学，并得到前来讲学的中国工艺美院的梅健鹰教授的指导，首开景德镇绘瓷艺人写生的先河，真正进入了艺术创作的天地。1959年，他创作的大型瓷屏风画《革命摇篮井冈山》陈列于人民大会堂江西厅。此后，他又陆续创作了"十里春风"大型壁画、"春风拂槛"以及粉彩"黄山西海""色釉黄山"等传世佳作。在艺术上，王锡良既得名师真传，又注重广采众长，博览群书，师法自然，以天地为师，以人品为格，自成一家。2006年，已是耄耋之年的王锡良依然坚持写生，难怪中央美院教授吕品昌在庐山遇到他后，称赞道："王锡良是位真正的大师。"王锡良 1979 年被授予"中国工艺美术大师"称号，2006 年又获得"中国工艺美术终身成就奖"殊荣，被业内人士视为泰斗。

秦锡麟，原籍江西南昌，1942 年生于江西余干，1964 年毕业于景德镇陶瓷学院美术系，1979 年被授予"中国工艺美术大师"称号，历任江西省陶瓷研究所所长、景德镇陶瓷学院院长，擅长民间青花和陶艺。他的作品有融会古今、沟通中外的气魄，造型质朴大方，纹饰生动自然，色彩清新明快，手法挥洒自如，格调青雅洒脱，兼有民间艺术的意趣和文人艺术的高雅，凝聚了古老东方艺术的神韵和时代的审美情趣，构成了一部儒雅华美的中国当代陶瓷艺术的交响乐章。他的作品选送到 20 多个国家和地区展览，有

秦锡麟陶瓷艺术作品

60 余件作品被大英博物馆、中国历史博物馆、中国工艺美术馆等收藏。主要代表作有"艺魂""昔日的光辉""芦苇深处""秋艳""海韵""春意盎然""早春""秋韵"等。

张松茂，1934 年生于景德镇的一个绘画世家，自幼随父学艺。19 岁时，他用新彩艺绘制的瓷板画《政权属于苏维埃》获全国大奖。他曾连续两年到上海博物馆、南京博物馆、故宫博物院等处临摹学习。张松茂擅长人物、山水、花鸟等以中国画为主的陶瓷彩绘艺术，尤擅长釉上粉彩。师法自然，坚持写生，艺趣广泛，技法精深。代表作《春江花月夜》《春夜宴桃花源》《黄山飞瀑》《国色天香》等。1997 年，他重新创作绘制的大型瓷板画《紫归牡怀图》被选定为江西省人民政府赠送香港特别行政区政府的珍贵礼品。2004年景德镇千年华诞之际，张松茂历时一年多绘制的大型瓷板画《国色天香》被专家誉为其超越自我的巅峰之作。2010 年，他创作的瓷板画《三顾茅庐》以 1300 万元人民币成交，再次刷新中国当代单件艺术陶瓷成交价记录。1979年，张松茂被授予"中国工艺美术大师"称号，1994 年被授予"陶瓷世家"荣誉称号，2008 年被授予"首届亚太地区手工艺大师"称号。他的作品广为中外馆藏机构和收藏家所收藏。

《紫归牡怀图》瓷板画

地 灵 篇

我瓷都　地广袤
倚鄱湖　八县交

景德镇位于江西省东北部的丘陵地带，属黄山、怀玉山余脉到鄱阳湖平原的过渡带，市区依山傍水，处于鄱阳湖水域的昌江之滨。它东邻婺源县，西接鄱阳县，南连德兴市、万年县、余干县，北交安徽省祁门县、休宁县、东至县，地处两省八县（市）之交，是江西省东北的门户。

景德镇市全境地形两头宽中间窄，略呈长方形，总面积为5256平方公里。地理位置十分优越，处"长珠闽"腹地，赣浙皖三省交界区域中心，在其周边方圆200公里的范围内，有六山、两湖和四大世界遗产。六山是：黄山、庐山、九华山、龙虎山、武夷山、三清山。两湖为：鄱阳湖和千岛湖。四大世界遗产是：自然文化遗产黄山、世界文化景观庐山、自然文化遗产武夷山和文化遗产西递——宏村。

景德镇的气候属亚热带季风气候，光照充足，雨量充沛、温和湿润、四季分明。市区平均海拔320米，年平均气温17℃，平均年降水量1700多毫米。优越的自然生态环境，造就了景德镇的秀美山川，境内风景名胜众多，物产极为丰富，自古就以瓷茶文化而著称。

景德镇区域地图

管珠昌　辖浮乐
地灵秀　物丰硕

　　景德镇是江西省的直辖市，现管辖有两区一县一市，即珠山区、昌江区、浮梁县、乐平市。

　　珠山区是景德镇的城市区，市级党、政、军机关以及中央、省、市许多单位都设在该区，是景德镇的政治、经济、文化、交通的中心。珠山原名立马山，后因山势蜿蜒，有五龙抱珠之说，唐代改名为珠山。区辖地历朝为古镇之地。1970 年设区，称景北区，1979 年改称珠山区。

　　珠山区总面积 27 平方公里，全区现辖珠山、新村、太白园、昌江、里村、新厂等 9 个街道办事处，71 个社区居委会，总人口 28 万。珠山区距罗家机场仅 6 公里，皖赣铁路穿境而过，206 国道、景九、景婺黄（常）高速公路直达，兼有昌江水运。境内有御窑遗址、祥集弄民居等古窑址和古建筑，展示着历史文化名城的古韵风貌。

　　昌江区位于景德镇的西南部，以发源于安徽祁门、穿流景德镇的昌江而命名，是景德镇的城乡结合区，总面积 432 平方公里，下辖 6

景德镇市人民广场

个乡（镇）场街道，2010 年常住总人口 19.22 万人。群众性文体活动红红火火，吴静钰获得第 29 届北京奥运会跆拳道冠军。昌江区历史悠久，古迹名胜众多。始建于五代的湖田古窑址、明代中期的三闾庙建筑群落、旸府寺等

昌江区风光

闻名遐迩。省级森林公园郭璞峰景区、月亮湖国际休闲中心、杨湾风景区、冷水尖等风景名胜，让人流连忘返。

　　浮梁县在景德镇的北部，面积 2874 平方公里，人口 26 万。浮梁县自唐代设县以来，已有 1300 多年的历史，新中国成立以前景德镇地区一直为浮梁县所辖。1949 年 5 月 4 日成立景德镇市后，镇县分离。1960 年，浮梁县划入景德镇，成为市郊区。浮梁县历来被称为"世界瓷都之源，中国名茶之乡"。浮梁县山川秀美，风景名胜遍布全境，有钦赐五品，被誉为"江南第一衙"的浮梁古县衙，有中国历史文化名镇、国家 AAAA 级景区瑶里，有陶瓷原料世界通用术语"高岭土"的命名地——高岭村。浮梁县是国家第一批被命名的 18 个"中国旅游名县"之一。

浮梁县古城

　　乐平市位于景德镇的南面，面积为 1973 平方公里，人口 80 万，是江西省计划单列市之一。乐平是江西省开发较早的地区，秦代属九江郡的余汗县，汉灵帝时（168—188）置县，因"南临乐安江，北接平林"而得名乐平，宋代以来为饶州府管辖，新中国成立以后曾属乐平专区、浮梁专区，1953 年属上饶专区，1983 年划入景德镇市，1992 年乐平县撤县建市，仍为景德镇市管辖。

　　乐平资源丰富，素称"江南菜乡"，有赣东北"聚宝盆"之美誉。乐平境内旅游资源丰富，有国家级水利风景区"翠平湖"、省级重点风景名胜区"洪岩仙境"、怪石林风景区以及饶派风格古民居建筑群等一批特色自然人文景观。"洪公气节，马氏文章"闻名遐迩。乐平是赣剧发源地之一，至今仍保留 400 余座古戏台，被称为"中华一绝"。此外，乐平还是红十军的诞生地，记载了方志敏等老一辈革命家和无数先烈的光辉足迹。

乐平市城市新貌（朱定文摄影）

昌江河　源祁门
达长江　泽瓷城

　　景德镇河网密布，以昌江为主干的发达的水路交通，自古以来就是维系这座城市的生命线。

　　昌江属于鄱阳湖区饶河水系，发源于安徽祁门境内的有"绿色自然博物馆"之誉的国家级自然保护区——牯牛降。昌江之水经皖赣边界进入江西浮梁境内，穿越景德镇全境后，经鲇鱼山入鄱阳县的姚公渡与乐安江交汇，成为鄱江（又称饶河）注入鄱阳湖。昌江全长253公里，流域面积6220平方公里。因水源来自祁门的昌江（亦称阊门），汇入鄱阳的鄱江，故名"昌江"。景德镇市处于昌江中游地区，昌江流经本市兴田、峙滩、福港、新平、

昌江风光

旧城、竟成、吕蒙、鲇鱼山、丽阳等乡镇，在景德镇的干流长约 110 公里。

昌江水系发达，支流呈网状分布。其中较大的流经市区的有东河、西河、南河。长期以来，昌江河及其支流所经过之地，几乎都是陶瓷原料、燃料的产地。昌江水不仅可供淘洗瓷土，设置水碓，利用水力粉碎瓷土，而且还可以利用它把各地制瓷的原料、燃料源源不断地运入景德镇，把精美的瓷器输送到世界各地。"陶舍重重倚岸开，舟帆日日蔽江来"，这是古代昌江及其支流两岸陶瓷生产繁荣景象的生动写照。

新中国成立以来，昌江河经过多次疏浚，并列入江西省第一条综合开发的河流。1983 年至 1992 年昌江渠化工程建设竣工，昌江河可常年通航 300 吨位的客、货船。航船可经鄱阳湖直抵长江。悠悠昌江水，千百年来泽被两岸，滋润了景德镇这个

昌江水利枢纽——鲇鱼山拦河坝

有着近两千年的陶瓷历史文化的陶瓷之城。

昌江沿岸景色秀丽，风光旖旎，众多的自然和人文胜景镶嵌其中。有清代督陶官唐英题镌"玉柱"的洪源宝石，有古时"昌江八景"之一的"西塔（今称红塔）夕照"、观音阁"十里春风"，有旸府古寺、三闾庙古街，有被专家学者称为"海上丝绸之路"源头之一的十八渡、有昌江渠化工程之一的鲇鱼山大坝，有古镇丽阳宋元古瓷窑遗址……

御窑址　龙珠阁
为城徽　势峨眉

　　景德镇元代开始设立瓷局，明、清两代在珠山脚下设立御窑厂，先后为元、明、清历代数十位皇帝生产过瓷器。现存御窑遗址以龙珠阁为中心，方园 200 亩。龙珠阁为御窑厂的代表性建筑，后逐渐衍化为景德镇的标志性建筑，成为景德镇的城徽。

　　珠山位于景德镇市中心。秦代，景德镇地属九江郡番县，因县令吴芮（当地人尊称为番君）曾立马山头，人们始称此山为立马山。后代以此山有"五龙抱珠之象"，故改称五龙山，唐代以后称珠山。五代诗人和凝咏珠山诗这样写道："山色川光南国天，珠峰千仞绿江前。萧萧伫立秋云上，多是龙携出玉珠。"珠山自古闻名，已成为景德镇的别称。今人结社、雅聚、题咏多冠以"珠山"之名，"珠山"同"景德镇""龙珠阁"已成为著名商标、金字招牌。

御窑厂外景　　　　　　　　　　　　御窑遗址

成化三彩鸭形香薰

龙珠阁坐落在珠山之巅。珠山上建亭阁始于唐代，称聚珠亭。宋代改称中立亭。明代天顺年间改建，称朝天阁，万历年间重建，称环翠亭。清代改称文昌阁。1925年重建后称龙珠阁，阁名沿用至今。原阁于二十世纪六七十年代期间被毁，今阁于1987年动工重建，于1990年首届"中国瓷都——景德镇国际陶瓷节"开幕之际建成。重建后的龙珠阁，气势恢宏，巍峨壮观，是一座仿明重檐宫廷式建筑，共6层，高34.5米，建筑面积1650平方米。龙珠阁大门匾额上"龙珠阁"三字为江西籍著名书法家舒同题写。阁内有李先念、彭真、王震等题写的"中国瓷都景德镇"横匾；殿内置有瓷都著名书画家、陶瓷考古学家的作品和著作；陈列着明代官窑出土瓷器复原品以及名人名作，可谓名阁名瓷，相映生辉。

近年来，景德镇在实施建设"经济重镇，旅游都市，特色瓷都"的战略目标过程中，为再现景德镇陶瓷文化风貌，在原明、清御窑遗址区域建设"御窑遗址陶瓷历史文化旅游工程"。御窑遗址以其特有的历史、科学、艺术、考古价值在中国陶瓷史上占据着重要位置，记录了中国陶瓷发展史最为灿烂的篇章，在世界制瓷史上同样地位显赫，是中国历史上唯一的皇家窑场，是中华民族的宝贵文化遗产，也是"景德镇"品牌的价值核心。目前，御窑遗址被列为第六批国家重点文物保护单位，2013年入选第二批国家考古遗址公园名录。

御窑遗址

博览区　古作坊
陶瓷馆　名瓷藏

　　在景德镇西市区枫树山蟠龙岗，有一个被国内外专家和陶瓷爱好者称为"活的陶瓷博物馆"的国家 AAAAA 级景区，这就是景德镇陶瓷文化博览区。它于 1980 年开始建设，集中了散落在市区的部分古窑场、古作坊、古建筑，形成占地 83 公顷，集陶瓷文化博览、陶瓷体验、娱乐休闲为一体的文化旅游景区，是全国百家中小学爱国主义教育基地之一、全国科普教育基地、江西唯一的第二批国家文化产业示范基地、全国王牌旅游景点。整个博览区由古窑和陶瓷民俗博物馆两大景区组成，是景德镇最重要的陶瓷文化旅游区之一。

陶瓷碑林

　　古窑由传统手工作坊、镇窑、风火仙师庙、瓷行等部分组成，展示了景德镇明清时期手工制瓷工艺、古代工业建筑布局以及独特的瓷业风俗。其中，古作坊将手工制瓷中踩泥、捺泥、拉坯、印坯、利坯、绘制、上釉等工序展现在人们的眼前，体验"过手七十二，方

葫芦窑

手工绘瓷

《天工开物》制瓷图（部分）

克成器"（宋应星《天工开物》）的陶瓷制作之繁难与神奇。镇窑则是景德镇明清以来广泛使用的一种较为先进的窑炉。近年来，镇窑、葫芦窑、龙窑、馒头窑的复烧成功，引起世人的瞩目。

陶瓷民俗博物馆是以古建筑为中心的园林式博物馆。馆内有历代陶瓷展、古窑群、瓷碑长廊、天后宫、瓷器街、大夫第等景观。馆内环境幽雅、林木葱郁、人文景观和自然风光完美结合。馆内还设有被称为"中华一绝，世界首创"的"瓷乐"表演。

如果说，陶瓷文化博览区让人领略到景德镇陶瓷文化的博大精深，那么被誉为"集古今名瓷于一室"的景德镇陶瓷馆则让人体悟到景德镇瓷器之所以称雄天下的魅力所在。

景德镇陶瓷馆创建于1953年，于1954年1月正式对外开放，馆名为我国著名的文学家、历史学家郭沫若先生题写。该馆是全国建馆最早、规模较大、藏品较丰富的陶瓷专业博物馆，收

景德镇陶瓷馆外景

纹片釉盘蚩天球瓶

藏数以万计的景德镇历代陶瓷珍品，陈列自唐末至现代景德镇陶瓷精品，系统地展示了景德镇千年窑火不断的瓷业发展史。

2015 年 10 月，总占地面积 5.4694 平方米、建筑面积 3.2 万平方米、总投资 2.5 亿元的景德镇中国陶瓷博物馆正式开放。景德镇陶瓷馆在走过了半个世纪后的今天，馆藏移至景德镇中国陶瓷馆展出，至此景德镇陶瓷馆宣布完美谢幕。以"国内一流、国际领先"为建设目标，建成的景德镇陶瓷馆由常设展厅、临时展厅、学术交流区、公共活动空间、休闲商务区、办公室、多功能区、库房区等组成，满足收藏、展示、研究、培训和教育等各项功能需求。

景德镇中国陶瓷博物馆

湖田村　民窑址
高岭山　载瓷史

在景德镇诸多的陶瓷历史遗迹中，湖田古窑遗址和高岭古矿遗址有着独特的历史地位，前者使景德镇地区在宋代赢得御赐芳名，后者则是世界通用的制瓷原料高岭土命名的渊源地。

湖田古窑遗址，位于景德镇市区东南方的珠山区竟成镇湖田村，距市中心仅 7 公里。窑址分布范围 26 万平方米，窑业兴起于五代，经宋、元到明中叶，历经 700 多年，其兴盛期的制瓷工艺成就和规模代表了景德镇地区这一历史时期的最高水平。

景德镇民窑博物馆

湖田窑在五代主要烧造青瓷和白瓷。尤其是白瓷的生产使景德镇成为我国南方最早的白瓷产地，并开始打破当时"南青北白"的瓷业格局。宋代湖田窑创烧影青瓷（学名青白瓷），占据宋代六大瓷系之首。元代枢府卵白釉和青花及釉里红瓷的烧制成功是湖田窑的重大成就。明代以后，湖田窑以烧制民间青花瓷为主。

湖田古瓷窑是我国宋元时期瓷器生产规模最大、时间最长、产品最精美的瓷窑，其遗址遗物非常丰富，古窑标本俯首可拾。湖田窑远在宋代就已闻名于世。20 世纪 40 年代其被介绍到欧洲，产生了较大的影响，成为世界著

陶瓷手工作坊

名的瓷窑遗址。1982 年，湖田古窑遗址被列为全国重点文物保护单位，是景德镇作为全国历史文化名城的特殊标志之一。遗址包括著名的葫芦窑和马蹄窑遗址、出土文物陈列展厅、制瓷作坊遗址。

湖田窑遗址是景德镇最大的民窑遗址，它与明、清御窑遗址共同见证了景德镇古代陶瓷业的兴盛与辉煌。以上两大遗址被列为国家"十一五"期间百处重要大遗址之列。

高岭古矿遗址，位于市区以东 50 公里的瑶里风景名胜区。它是全国重点文物保护单位，被命名为国家矿山公园，总面积19.68 平方公里。在元代，随着景德镇瓷业的兴起、制瓷技艺的不断提高，瓷工们发现高岭土的使用价值，并发明了"二元配方制胎法"。这在中国陶瓷史上具有划时代的意义，它不仅扩大了制瓷原料的来源，而且提高了瓷器的烧成温度，生产出了硬质瓷，并由此开拓了彩瓷的广阔前景。现存高岭土古矿遗址，前后开采近两个世纪，为景德镇奠定"瓷都"地位，有着重要作用。

"高岭土"一词真正成为世界制瓷原料黏土的通用名词，与

国家矿山公园——高岭

两位外国人分不开。一是18世纪初法国传教士昂特雷柯尔（汉名"殷宏绪"）首次将高岭土和景德镇的制瓷工艺介绍到西方；二是1869年10月德国著名地质学家希霍芬访问景德镇，并在其著作中介绍了瓷石和高岭土，根据汉语"高岭土"一词音译为"kaolin"。此后，地质学界将"高岭土"作为世界制瓷黏土的通用名称，至今在欧洲各国的陶瓷工业上仍把高岭土称为"Chinaclay"（汉译为"中国土"或"瓷土"）。

高岭古矿遗址景区主要由尾砂堆、金鸡石、古道、淘洗坑、古矿坑、碑亭等遗址景点构成。高岭同许多重要陶瓷历史遗迹一样，将永载陶瓷史册。

高岭古矿矿工塑像

明青园　雕塑馆
祥集弄　品陶斋

明青园是依托闻名遐迩的景德镇市雕塑瓷厂，经过三期工程，建成的集陶艺交流，工业陶瓷设计、生产、营销与旅游参观、购物、餐饮于一体的国家二级企业，是全国旅游商品定点生产企业，同时也是江西省唯一一家"全国工业旅游示范点"。2006年接待境内外旅游人数30多万人次。党和国家领导人历来十分重视景德镇的陶瓷工业，关怀和支持传统制瓷工艺的发展和创新。1973年，邓小平同志和夫人曾来该厂参观。

景德镇雕塑瓷厂

2001年5月31日，江泽民同志来到该厂视察，并留下墨宝。此外，李鹏、乔石、邹家华、吴邦国、李铁映、陈慕华等先后来厂视察。

明青园主要由陈列室、名人作坊、现代陶艺馆、仿古街、饮食文化娱乐中心等部分组成。陈列室里陈列着数以千计精美瓷雕作品，其中不少为孤品、绝品。如"忠义堂"里陈列的《水浒一百零八将》是一套陶瓷史上最大的人物组雕。这里有中国工艺美术大师刘远长等的作品，有曾氏父子（曾龙升、曾山东）的遗作。曾经在陶瓷界轰动一时的艺术杰作《少女披纱》就诞生于此。

祥集弄民宅位于景德镇市祥集上弄，旧时处在明代御器厂西侧的富商较为集中的居住区。现存两幢建于明代成化年间的民宅，1988年，经国务院批

祥集弄"景德镇陶瓷考古研究所"

准为全国重点文物保护单位，现为景德镇市陶瓷考古研究所。祥集弄民宅今多称品陶斋。

祥集弄民宅建筑面积 761 平方米，结构为三间五架、穿斗式。该建筑雄伟朴素，梁柱硕大，镂雕精细，反映了 15 世纪景德镇高度发达的城市经济。它不仅是研究我国建筑史，而且是研究手工业城市史的极其珍贵的遗存。

在此办公的古陶瓷专家和考古工作者，历经艰辛，揭开一个又一个千古之谜，取得了古陶瓷研究的丰硕成果。他们挖掘复制的明成化官窑瓷和明正统官窑瓷，填补了陶瓷研究的空白，轰动了中外考古界。中央电视台对景德镇御窑遗址的考古挖掘进行了现场直播。2003 年，御窑遗址被考古发现，被评为全国考古十大新发现之一。此外，品陶斋厅堂内陈列有迄今为止世界上最大的古瓷——明代青花大龙缸，有明永乐皇帝用来盛装波斯液态香料的器皿——白釉三壶连通器等稀世珍品。

永乐白釉三壶连通器

莲花塘　佛印湖
三闾庙　遗风古

　　莲花塘位于景德镇中心市区东北角，是市内著名的风景区。莲花塘原名五龙峰，唐代以来于此建寺院，初名白云院，明代改称五龙庵，另有东山寺，清末毁于兵火。1916 年，浮梁县治从古县城迁到景德镇市区后，莲花塘开始辟为公园。新中国成立后莲花塘经过三次大的修葺，分为外湖和内湖，建有湖心亭，种花植树，增建假山和雕塑，铺有大理石广场。如今莲花塘已成为市中心一座美丽的园林，成为市民的乐园，成为国内外宾客的游览休闲好去处。

　　莲花塘又名佛印湖，传说宋代名僧佛印曾到此游览，后人为怀念他，刻有"佛印湖"石碑，故称。佛印（1031—1098），俗姓林，小名丁原，浮梁浯溪都人。出家后，名了元，号觉老，又称宝觉禅师。佛印是宋神宗赐的法

莲花塘风光

号。他自幼聪颖过人，5 岁记诸家诗三千篇，称为神童。12 岁于宝积寺出家，云游庐山、金山、袁州等地名寺。佛印与苏东坡、黄庭坚多有交往，称为"三贤"。他于文学、佛学造诣颇深。东坡文集中与佛印往来诗文书信共十几件，佛印与东坡的传说广为流传。据《浮梁县志》载："苏东坡尝偕黄庭坚至城北宝积寺。"宝积寺为佛印出家地，当时佛印云游回乡，三人在宝积寺相晤。明代重修宝积寺时，寺内建有"三贤堂"，祀有东坡、山谷（黄庭坚号山谷）、佛印三人。明代散文家魏学洢《核舟记》中有记载。《核舟记》现已被收入初中语文课本。

三闾庙古街

三闾庙明清古街，位于昌江与西河交汇处。唐代在此建有三闾大夫庙，后世方有三闾庙街之称。三闾庙街为古代鄱、浔、都、徽诸州县通往景德镇的必经之路。从五代起，四川、河南、安徽等地就不断有人迁居于此，至清代，这里仍是交通方便、商业繁荣的集镇。古街见证了古代景德镇瓷业的兴旺与沧桑。

三闾庙街由清街和明街组成。街门为拱形，门楣青石上镌刻着"三闾古栅"四个笔力苍劲的大字。古街门系清代光绪三十四年修建，街门内青砖铺路，至今仍保存较好。清街长 231 米、宽 3 米左右。街面用长石条、青石板铺就，街两旁原有油榨行、米铺粮店、豆腐房、瓷器行、茶楼、酒肆等。明街长 84.7 米，为明嘉靖后期修建，共 9 幢古建筑。三闾庙明清古街，为国内古建筑群中所罕见，具有重大的科学研究价值。1998 年经修复的三闾庙古街被列为全国第一批历史文化保护街区之一。

三闾庙街，昔日舟船云集的盛况不复存在，巨大条石砌成的码头也已湮没在岁月的风尘里，展现在人们眼前的是历史的古朴与悠远。

旸府山　寺名扬
虹桥起　新昌江

　　旸府山是景德镇西面的一道屏障，它东临昌江，南接三闾庙，西北层峦叠嶂，为市区内的最高山峰。旸府山古木参天，浓荫蔽地，山川秀美。"旸府雪晴"是景德镇古八景之一。

　　旸府山东南建有一寺，因此地相传为禹皇炼丹处，禹皇又称旸府之君，故寺名称旸府寺，它是景德镇古老的寺庙之一。旸府寺系宋绍兴年间所建，元末毁，明洪武年重建。后几经兴废。今庙为1982年8月修缮扩建而成，现已被列为江西省重点寺庙之一。

旸府寺外景

　　旸府寺在宋代与民族英雄岳飞却有一段千古佳话。据《浮梁县志》载："绍兴三年（公元1133年）秋八月，岳飞自江州入朝，浮鄱江水，泊景德镇，驻肇阳石壁之下，登旸府山绝顶，延眺良久，为山僧朗日留三宿而去。题有联，今尚存。"岳飞从九江带兵入朝（今杭州），经过景德镇，驻旸府寺，并题写一副对联："机关不露云垂地，心镜无瑕月在天。"此联金声玉振、光彩夺目，因而旸府寺寺名远扬，香火兴盛。

　　昌江是景德镇的母亲河，千百年来促进了景德镇瓷业的发展。在过去昌江没有桥梁，两岸往来全部靠船。因此昌江上的渡口特别多，较为出名的渡口有：宝石渡、观音阁渡、三闾庙、中渡口、南门头、十八渡、西瓜洲等。

有着"十八省码头"之称的景德镇千百年来凭借的是舟船往来。新中国成立以后，昌江河上先后建起了多座现代桥梁，有昌江大桥、珠山大桥、瓷都大桥、白鹭大桥、岚山大桥等。这些城市桥梁沟通了昌江两岸的交通，加速了城市扩展的进程，为古老的昌江增添了一道道靓丽的风景。

珠山大桥

昌江大桥位于太白园江面，1960年10月动工建设，1962年10月建成通车，桥面长501米，宽12.8米，是昌江河上第一座大型永久性桥梁。珠山大桥位于珠山中路与珠山西路之间的昌江上，1980年动工建设，1983年10月竣工通车，桥长313米，宽18米。瓷都大桥处于珠山大桥上游约2公里处，为哑铃形钢管混凝土拱桥，全长260米，1995年1月兴建，1997年1月竣工通车。白鹭大桥位于昌江大桥下游约1公里处，独斜塔无脊索斜拉桥，全长795米，主桥长210米，塔高76米，双向四车道，2004年1月开工建设，因造型为一展翅飞翔的白鹭，故名。

近年来，随着老城区的改革步伐加快，市区内的瓷厂陆续退城进郊，进入园区，昌江两岸实施城市防洪与"一江两岸"改造工程，景德镇重现碧水蓝天，古老的昌江两岸告别"脏乱差"，告别昔日的"草鞋码头"，展现在人们眼前的是现代都市文明。

白鹭大桥远眺

秀美的昌江风光

古名镇　称丽阳
今荷塘　美名扬

　　丽阳古镇位于景德镇市昌江区西南部，为古代饶州名镇。宋、元以来，丽阳人在昌江西岸建窑烧造瓷器后，人口逐渐稠密，加之水上交通便利，各业相继兴起，商贾云集，形成繁荣的集镇。丽阳以彭氏、黎氏、史式为主的宗族兴旺一时，人才辈出，其中北宋状元彭汝砺、重庆知府彭大雅、明代两浙盐运使史惺堂等历史名人交相辉映，因而丽阳一度有"士望冠于饶郡"之说。当地宋代历史名人黎廷瑞在《丽阳镇仁祐庙记》中如是说："宋三百年，鄱郡方千里，而王侯之风独见于吾乡。"丽阳镇历来为兵家必争之地，"南北军旅往来之衢，马足摇摇压吾境屡矣"。而元末明初的连年战火使这个千年古镇最终落于衰败。如今丽阳古镇仍留有古桥、古街、古民居等众多文物古迹，其中丽阳窑址被列为全国重点文物保护单位。

丽阳窑址

丽阳古桥　　　　　　　　　　　　　荷塘革命烈士纪念碑

　　荷塘地处昌江区南部山区，历史上荷塘一直为鄱阳县管辖。1957年成立国营荷塘垦殖场。1983年荷塘划归景德镇市昌江区管辖。荷塘人文底蕴深厚，曾经是第二次国内革命战争时期赣东北老革命根据地之一，无产阶级革命家方志敏亲临荷塘指导农民运动。

　　新中国成立后，荷塘人民发扬南泥湾精神，把荷塘垦殖场建设成为全国农垦系统的红旗单位，从而蜚声海内外。1965年7月11日《人民日报》发表社论，称"全国农垦系统的一面红旗——江西国营荷塘垦殖场，是一个具有南泥湾精神式的国营农场"。人民文学出版社、农业出版社出版《荷塘——今日南泥湾》《荷塘——国营农场的一面红旗》等书。无产阶级革命家王震亲笔为荷塘题词。1966年，国家农业展览馆特设专馆展示荷塘垦殖场的成就。荷塘垦殖场"自力更生、艰苦奋斗、勇于开拓"的精神成为景德镇宝贵的精神财富。

高举毛泽东思想的
伟大红旗，更加发扬荷塘
垦殖场工人阶级的革命精
神，做出更大的成绩，成为
全国农垦战线上的标兵。

王震
一九六六年一月十九日

王震为荷塘题词

郭璞峰　月亮湖
冷水尖　风景殊

　　"郭璞尖、郭璞尖，端把椅子爬上天"，这是流传在郭璞峰周边地区的一首民谣。郭璞峰地处昌江区东南部，与乐平、鄱阳毗邻，面积八千余亩，主峰海拔 453.5 米，现为省级森林公园。据清初著名地理学家顾祖禹在《读史方舆纪要》中记载："郭璞山，府（饶州，今鄱阳县）东百十里，盘亘五十里，崇高百仞，为鄱阳群山之冠。璞尝寓此，因名。"今郭璞峰保存有郭璞炼丹灶、仙人残局、斋钵泉、悬棺等人文遗迹。郭璞峰不仅风景优美、古迹犹存、文化底蕴丰厚，而且人杰地灵，传颂着历代许多可歌可泣的英雄人物和革命故事。

　　月亮湖位于丽阳镇，原名山田水库，现为国家级水利风景区。景区距西城区 5.6 公里，水域面积达到 2050 亩。风景区水面沿山弯曲而行，状如月牙，湖区群山环抱，山水相连，每年有大批野生鸟类在此栖息越冬。湖面有摩托艇、豪华快艇等娱乐设施，坝下设流水养鱼垂钓中心，湖畔花红叶绿，坐落在这里的度假村依山傍水、景致怡人。环湖有流泉飞瀑、观瀑长栏、奇石洞天、民间古道、千年樟树。置身其中，宛如融入大自然的怀抱之中。

郭璞峰古道

月亮湖风光

　　冷水尖位于鲇鱼山镇东部的深山秀峰之间。冷水尖寺历来以灵秀著称。相传，八仙之一的"铁拐李"和药王大仙云游至此，见当地瘟疫肆虐，以杖击岩，泉水汩汩而出，施以丹药，以救苍生。又传观音菩萨至此解民难于水火，点化岩泉，造福民生。冷水尖寺名远扬，游客远道而来，香火兴盛。冷水尖与毗邻的荷塘乡杨湾风景区成为瓷都城市郊区的旅游胜地。

冷水尖风景区

千层阶

旧城西　宋红塔
古县治　第一衙

　　景德镇陶瓷业在经历了明清两代的发展后，已成为全国制瓷中心。昔日的偏僻小镇成为名副其实的瓷都，成为经济贸易重镇，从而出现镇大县小的格局。瓷业的发展促成了浮梁县治的第四次迁移。1916年，在浮梁知事陈安的主持下，将县衙署从延续了千年的县址（今浮梁镇）迁至景德镇。而原县治所在地称为旧城。旧城作为古代景德镇地区的政治中心，融历史、文化、宗教等于一体，白居易、颜真卿、柳宗元、王安石、苏轼、黄庭坚、佛印、范仲淹、杨万里等历代文人墨客都在此留下了印记。

浮梁古县衙

明代石狮

红塔

在旧城的西面，有一座巍峨耸立的红塔。红塔素有浮梁"古代城徽"之誉，自古就是浮梁的标志。

红塔古称西塔，它的佛名为"大圣宝塔"，为中国72座名塔之一。它始建于宋建隆二年（961），距今已有1040多年，是江西省最早、保存最完整的一座大型古塔，素有"江西第一塔"之称。1959年，该塔被列为首批江西省重点文物保护单位。

红塔是北宋早期较大型的砖塔，全塔7层，平面为正六边形，底层边长为5.2米，顶层边长为3.7米，塔高37.8米。由于砌筑时采用红壤灰浆，历经长年累月，红壤外溢，竟把塔身染成红色，故称为红塔。每当落日余晖映衬红塔，景色魅丽。"西塔夕照"为景德镇古八景之一。

浮梁古城作为古县衙署所在地，一千多年来，衙门屡毁屡建，现存衙署为清代道光元年（1821）重修。这座衙署按照清代县级衙署的规划建造。但因浮梁县瓷茶贡品及税赋贡献大，历朝知县官居五品，故该衙署比一般衙署规模大，有"五品县衙"之称。因浮梁古县衙是我国发现的江南唯一保存完整的清代县级衙署，故又誉为"江南第一衙"。

古县衙占地面积6万余平方米，房屋300余间，坐北朝南，主体建筑在东、中、西轴上，由南向北依次排列。主要包括照壁、头门、赋役房、仪门、衙院、六房、大堂、二堂、三堂、花厅、后花园等部分组成。衙署内陈列了古代

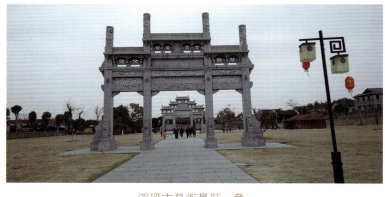

浮梁古县衙景区一角

官服、刑具、十八般兵器、讯杖、官轿、夹棍。长达40米的通道直通大堂，让人领略到古代衙府的威严。衙门里的楹联和匾额耐人寻味，堪称一绝。可以说"一座县级衙署，半部清史写照"。

作为中国旅游名县，以古县衙为主的浮梁古城景区，是浮梁也是景德镇的重要景区之一。浮梁古城景区除古县衙、红塔外，还有历史文化长廊、古城门、千年瓷坛等景观。历史文化长廊由216块瓷板组成，长328米，有56幅图画、9幅字、141幅文字说明。用青花瓷板来记载大事记的全国独一无二，这条文化长廊堪称"中华第一、世界一绝"。古城楼气势宏伟，城门上书"浮梁"二字为著名书法家董其昌所书。千年瓷坛于2004年景德镇置镇千年庆典时所立，现已载入世界吉尼斯纪录。此外，千禧良缘广场、魁星阁——陶瓷艺术珍品馆和韵琴湖给古城浮梁增添无限风采。

千年瓷坛

瑶里秀　金竹翠
诸仙奇　玉田美

　　瑶里，古名"窑里"，因是景德镇陶瓷发祥地而得名。远在唐代中叶，这里就有生产陶瓷的手工作坊。瑶里位于景德镇东北端，地处三大世界文化遗产（黄山、庐山、西递和宏村）的中心，素有"瓷之源、茶之乡、林之海"的美称，是国家重点风景名胜区、国家历史文化名镇、国家 AAAA 级旅游景区、国家矿山公园、国家森林公园、国家重点文物保护单位、国家自然与文化双遗产。景区总面积 195 平方公里，森林覆盖率达 86.3%以上。境内最高峰五华山海拔 1618 米，是景德镇昌江的东河源头。

　　瑶里风景名胜区分为 5 个景区，自西向东依次为高岭古矿遗址园区、瓷茶古镇游览区、绕南陶瓷主题园区、梅岭休闲度假区和汪湖生态游览区。除

瑶里风光（付裕摄影）

瓷史篇

前面介绍过的高岭古矿遗址外，瑶里古镇有保存完好为国内所罕见的明清古建筑群，有古代徽饶故道上最繁荣的商业街，有"新四军改编"纪念地，有历经千年的古水碓作坊和龙窑遗址，有号称"江南第一祠"的张氏宗祠，有银杏、红豆杉、香榧等珍稀树种，有雄伟壮观的南山瀑布……

金竹山寨位于浮梁县东北部，为国家重点风景名胜区。景区面积150平方公里，山高陡峭，古木参天，青竹扶疏，大片原始亚热带雨林苍翠欲滴。这里有成片的濒临灭绝的国家一级保护植物——红豆杉，有国家稀有保护动物——红面猴。景区内秦代梯田群及古祭坛、明代古墓、清代禁令石碑、双龙漂流等80多个景点，星罗棋布，茂林修竹，原始生态，历来为人们休闲度假避暑胜地。

诸仙洞位于景德镇东南方向的屏山，距市区仅 24 公里。相传古代四方神仙聚居此处，潜心修炼，比试道行，故名诸仙洞。诸仙洞四周山峦起伏，林木茂盛，丛竹滴翠，藤萝蔓绕。洞口高大宽敞，洞内岩石奇特，千姿百态，有"洞宾悬剑""铁拐醉酒""洞箫横吹"等数十处

瑶里改编纪念碑

浮梁金竹山

诸仙洞

奇景。洞外现建有古朴庭院，取名"诸仙山庄"。距诸仙洞不远处，还有"龙池""龙眼"等奇景。

　　玉田湖，又名玉田水库，为新中国成立后修筑的人工湖，位于景德镇东南方向，距市区21公里。湖周长20公里，总面积为170公顷。四周丘陵起伏，林木葱翠，山花竞放，姹紫嫣红。湖水清冽，珍禽翔集，为鸳鸯栖息地。湖中有岛，广植桃树，有世外桃源美称。湖内游艇穿梭，欢声笑语，好一派人间仙境，令游人心醉神迷。

玉田湖风光

洪岩洞　称仙境
翠平湖　菜乡兴

　　洪岩仙境风景区距乐平市区 38 公里，距景德镇市 50 公里，是江西省重点风景名胜区、国家 AAAA 级景区、省级森林公园和景德镇市最佳十景之一。大自然的鬼斧神工造就了堪称溶洞四绝的"洪岩仙境"；有丹桂飘香，怪石嶙峋，藤穿石、石抱树的"石林峰谷"；有建于明万历二十六年，终年水花飞溅的"铁中飞泉"；有雍正皇帝御赐"世德流光"四字的"项家庄古祠堂"；更有"一门四进士，一相两尚书"的洪公气节和《容斋随笔》的巨献。

洪岩仙境（付裕摄影）

　　洪岩洞是中生代形成的石灰岩溶洞，全长 2000 米，最高处 80 米，最宽处达 70 米，洞室总面积 8 万平方米。洞中石钟乳遍布上下，错落有致、晶莹绚丽、美不胜收、千姿百态、鬼斧神工。南宋名臣洪皓游后留下著名诗句：

　　　　有此乾坤有此岩，谁知仙境在人间。

　　　　行行行到光明处，始信当初进步难。

　　洞中有誉为神州溶洞四绝的"九天飞瀑""震天雷""仙人田""水中天"。有 38 米高的擎天柱和金银山、状元拜塔、五指山、金钟宝塔。有造型奇特、仪态逼真、惟妙惟肖的人面狮，唐僧取经，诸葛亮看兵书，观音送子等。此外，这里有古人类居住生息遗址和当代中美考古队农业考古现场，还

翠平湖

有 140 亩风景如画的石林、古色古香的松漠亭，引人入胜的南星岩、仙姑岩、狮哮峰等。

翠平湖风景区位于乐平市东北 42 公里处，距洪岩仙境景区 15 公里，为国家级水利风景区。翠平湖原名共产主义水库，又名乐平湖，是新中国成立后建成的全省十八座大型水库之一。景区内山水相映，翠竹幽林，碧波浩渺，良好的植被与湖水构成了秀美的湖域风光。每年有大批野生鸳鸯在此栖息过冬。

翠平湖等水利设施的建设，使土地肥沃的乐平农产丰富，成为江西省主要农业县（市）之一。目前，乐平市建有大型水库 1 座、中型水库 4 座，小型水库及机电供水工程多达 3000 余座，耕地旱涝保收。素有"江南菜乡"美誉的乐平，蔬菜总面积达 26 万亩，年产量达 73 万吨，建起了全省最大的蔬菜销售公司，成为全国无公害蔬菜生产示范县市和江西最大的无公害蔬菜基地。

用蔬菜搭建的戏台（朱定文摄影）

众埠街　诞十军
红土地　建功勋

景德镇这块红土地，有着光荣和悠久的革命斗争历史。

1926 年 2 月，景德镇建立了第一个中国共产党组织，1927 年 5 月，成立中共景德镇市委。从此景德镇人民在党的领导下，开展了反对帝国主义、封建主义、官僚资本主义的革命斗争。

1930 年 7 月 6 日，在无产阶级革命家方志敏率领的江西红军独立第一团的支援下，景德镇的工农群众举行了武装暴动，第一次建立了市、县苏维埃政权。毛泽东对红军打下景德镇评价说："景德镇是四大名镇之一，打下它影响大着哩！"

1930 年 7 月中旬，按照中央的指示精神，以江西红军独立第一团为基础，吸收赣东北各地的游击队、赤卫队和少年先锋队的部分队员，编为中国工农

红十军建军纪念雕塑

红军第十军。红十军于 7 月 21 日正式编成，全军共有指战员 1700 余人。

7 月 22 日，红十军在乐平众埠街界首村马氏祠堂举行了隆重的建军典礼。方志敏主持典礼并讲了话。他庄严宣告，中国工农红军第十军正式成立。周建屏为红十军军长。8 月，红十军首次出击赣北，先后攻克乐平、鄱阳，袭击都昌、湖口，回师景德镇。9 月 21 日，红十军由景德镇返抵众埠街龙头山进行扩编，扩编后人数达 6000 余人，邵式平任前委书记兼政委，周建屏为军长。10 月 2 日红十军再次出击赣北。1930 年 11 月，国民党蒋介石调动 10 万大军，对

红十军建军旧址——乐平界首村万年台

中央根据地发动第一次反革命"围剿"。11 月下旬，红十军在乐平文山精简缩编，全军保留 4000 余人，实行一人一枪。12 月 4 日，红十军从乐平出发，开始进行第一次反"围剿"战斗。此后，红十军活跃在闽、浙、皖、赣四省边界，为开辟和保卫革命根据地进行了艰苦卓绝的斗争。1933 年 1 月，红十军改为红十一军，同时在根据地又另建一支新的红十军。1 月 25 日，红十一军南渡信江与中央红军会师，7 月，编入红七军团。

1934 年 7 月，以原红十军主力组成的红七军团改称红军北上抗日先遣队，先行北上抗日，留下的游击队员在景德镇农村及周边进行了 3 年的游击战争。1938 年 1 月，皖浙赣边区各支红军游击队集中在浮梁县瑶里改编，陈毅亲临指导改编工作。2 月 10 日，经过改编的新四军第一支队第 2 团第 3 营举行誓师大会，开赴抗日前线。

在革命战争时代，景德镇无数仁人志士踊跃投身革命，许多人献出了自己宝贵的生命，仅载入革命英烈名册的就有 4922 人。为纪念革命先烈，缅怀他们的丰功伟绩，红十军建军旧址同"瑶里改编"旧址均被列为爱国主义教育基地。

浮梁茶　古驰名
今得雨　国宴饮

　　有着"中国名茶之乡"美誉的浮梁，自古以来就以茶叶著称于世。《敦煌变文集·茶酒论》中就有"浮梁、歙州万国来求"的记述。《新唐书·食物志》载："各地产茶数量多少不一，以浮梁出茶最多。"唐代诗人白居易《琵琶行》诗中有"商人重利轻别离，前月浮梁买茶去"之句。宋代，浮梁茶被奉为贡茶。据《元和郡县志》卷二十八"饶州浮梁"条下，记有"每岁出茶七百万驮，税十五万贯"。当时浮梁茶税已占全国的三分之一多，可见浮梁茶在全国所占的分量。明代著名剧作家汤显祖称"浮梁之茗，闻于天下"。

　　近代，随着工夫红茶制茶工艺的传入，为浮梁茶叶生产与销售开辟了新的领域，茶叶产量急剧增加。清光绪八年生产红茶 3 万担，宣统三年产红茶 6 万余箱。浮梁茶叶以其独特的风味畅销国内外市场。1915 年浮梁江资甫

中国名茶之乡——浮梁

"天祥"茶号所制工夫红茶在美国旧金山举行的巴拿马万国博览会上获得金奖。茶叶是浮梁古代经济一大支柱产业，也是世人认识浮梁的一个窗口。

茶叶是浮梁的传统产业。目前，全县拥有茶园面积10万亩，并通过引进、选育推广优良茶新品种，集中连片发展了一批高山优质茶园，在全国推行无公害茶的基础上，大力发展有机茶园，培植发展名牌产品。如今以"浮梁茶"为注册商标的品牌为主导，"浮瑶仙芝""瑶里崖玉"等地方名茶被世人所关注，在国内外市场占有一席之地，并获得极高声誉。茶叶年总产量超2000吨，名优茶超600吨。

依托景德镇地区茶叶资源优势，江西德宇集团运用自主发明并获得中国专利奖的"绿茶生物保鲜方法"制作的"得雨活茶"，成为人民大会堂特供茶、国宴茶而名扬海内外。

瓷史篇

105

矿藏富　聚宝盆
煤矿业　兴乐平

　　乐平是资源富赡，物产丰饶之乡，有赣东北"聚宝盆"之美誉。境内已探明的矿藏多达 23 种，尤其以煤、锰、石灰石、海泡石、膨润土、陶粒岩等为丰富，是全国四大产锰基地、江西省三大煤炭基地、亚洲最大的膨润土储藏地、江西省唯一的海泡石产地。

乐平矿藏（部分）

　　依托丰富的矿藏资源，新中国成立以来，特别是改革开放以来，乐平先后兴建了一批又一批现代化厂矿企业，一跃成为全省工业生产重点县之一。全市综合实力明显增强，已经发展成为江西省综合经济实力十强县市之一。其中煤炭、水泥、石灰、化工原料、火电等在省内乃至全国都占有相当的市场份额。全年生产原煤 160 万吨、水泥 190 万吨、化学原料药 200 多吨、电石近 2 亿吨。

　　乐平矿务局沿沟矿业有限责任公司"90 万吨技改井"工程建成投产，结束了景德镇乃至赣东北地区没有大型煤矿生产矿井的历史，为建设全省三大煤炭基地之一的乐平矿务局产煤基地迈出了坚实的步伐。地处乐平涌山镇的日产 2500 吨的江西锦溪水泥有限公司生产的青溪峰牌大型干法旋窑水泥获江西省著名商标、国家免检产品、名牌产品称号。

瓷都三字经

长芗文丛

涌山岩　旧石器
沽演村　新石遗

　　景德镇地区历史悠久。早在 50 万年前，这里就有人类栖息繁衍，并创造了不朽的古代文明。新中国成立后陆续发现了一些远古人类活动遗存，其中涌山旧石器时代文化遗址、沽演文化遗址就是其中的代表。

　　涌山旧石器时代文化遗址，位于乐平涌山山腰的岩洞内。1962 年 11 月，中国科学院古脊椎动物与古人类研究所对涌山岩（洞）进行考察，于洞口附近的堆积物中出土了多种动物化石和几件有石英质的石片。经专家鉴定，均属于华南中更新时期的"大熊猫—剑齿象"等动物化石和旧石器时代的石片，距今已有 50 万年。现在这一遗址出土的动物化石原件已存在中科院古脊椎动物与古人类研究所。这一遗址填补了江西省旧石器时代文化遗址的空白，并被列为省级重点文物保护单位。

涌山岩保护遗址外景

涌山岩古人类遗址（徐天泽摄影）

　　沽演文化遗址，位于今浮梁县江村乡沽演村，1985 年发现。出土石器共计 9 件，其中石锛 4 件，均为单面刃口；石镞 2 件；石凿、磨棒、锥各 1 件，均为青石质，通体磨光，制作精细。根据鉴定，为新石器时代晚期的遗物。

　　此外，位于浮梁王港乡水家村的水家村文化遗址除出土石器外，还发现了陶器、瓮罐葬及骸骨，据鉴定，为新石器时代遗址。位于乐平鸬鹚乡的高岸岭商周文化遗址，面积约 1.6 万平方米，出土磨制石器刀、凿等 20 余件，还有饰制几何印纹的壶、盘之类器物残片，与江西省清江县吴城文化遗址同为商代遗址。

尚礼教　兴书院
古浮梁　育英贤

　　浮梁自古以来有兴教之风。唐代就办有县学。南宋创办的新田书院、长芗书院，元代创办的双溪书院颇负盛名。旧志载："清代浮梁书院之建盛于他邑。"南宋至清末，浮梁先后创办书院20多所。"士趋诗书，矜名节"，历代"衣冠人物之盛甲于江右"。

　　发达的地域经济，淳雅的风尚民情，使得浮梁人才辈出，代不乏人。秦汉间有被封为长沙王的吴芮。唐代有以"处事果断、严于律己"而著称的兵部员外郎薛仲佐。宋代有尚书度支郎中金君卿，枢密使程节，参知政事的程克俊、汪澈，有太子中允王仲舒，尚书程瑀、朱貔孙，武状元朱虎臣，改革家李椿年，理学家朱宏，教育家吴迁等历史名人。明代，浮梁人才兴盛，共

陶瓷书法《长芗书院记》

北宋金君卿《金氏文集》书影

出过 68 名进士，261 名举人，其中以两帝"贤佐"戴珊、"探花"金达最为著名。清代，有父子两知府的邓梦琴、邓传安，邓传安主政台湾功绩卓著。此外，浮梁的陶人、陶文更是闻名天下。

古代浮梁文风兴盛，县人著作颇丰。据《浮梁县志》载录，五代至清代共有 110 人，著述 870 余卷。

道光版《浮梁县志》

汉吴芮　封长沙
宋汪澈　佐君王

吴芮（？～前201年），吴王夫差七世孙，父申始迁居浮梁县东北乡（原属古番地）。秦始皇时，吴芮为番县令，被人们尊为番君。汉初名将英布被吴芮招为女婿。公元前207年，刘邦率领的起义军向西进发，在攻南阳时，与吴芮的部将相遇，一同攻下析、郦（今河南省内乡县）。项羽入咸阳时，吴芮被封为衡山王，都于邾（今湖北黄冈市）。公元前202年，刘邦当了皇帝后，封了七个异姓王，吴芮被封为长沙王，并建都于临湘（今湖南长沙县南）。汉高祖帝位稳固后，削除淮南王英

吴芮塑像

布、燕王卢馆、楚王韩信、梁王彭越等异姓王，唯独长沙王吴芮得以保留。吴芮死后追谥为文王，其王位传到第五世，因无子孙可传，才被除国。吴芮虽在外地为王，但在景德镇浮梁都有影响。景德镇市中心的珠山，过去称立马山，是因为吴芮曾立马山头而得名。

汪澈（1102—1165），字明远，浮梁桃墅人，南宋绍兴八年进士，入朝为次相，任参知政事，与当时宰相陈康伯共同辅佐皇室。任监察御史，后进为殿中侍御史，特赠鞍马。当时，边境侵扰，他向朝廷提出"养民、养兵、自治、预备"的建议，认为"靖康之变可鉴"。由御史中丞出为湖北，京西宣抚谕使，固守襄阳重地，败敌将刘萼于汉水。宋孝宗即位后，决意恢复失地，以汪澈督军荆襄。隆兴元年（1163）任资政殿学士，不久任枢密使，在任两年。汪澈63岁寿终，朝廷赠金紫光禄大火，谥号"庄敏"。其一生著有文集20卷、奏议12卷。

李椿年　改革家
朱貔孙　谏名夸

　　李椿年（1096—1164），字仲永，浮梁县丰田都（今界田村）人。宋徽宗重和元年（1118）进士，是继王安石之后宋代著名的赋税制度的改革家。

　　宋高宗绍兴五年（1134），李椿年两次被高宗召见，不久升任洪州通判，屡迁浙东提举、武昌军度支郎中。他有丰富的赋税工作经验，入朝为左司员外郎、左司郎中。宋王朝南渡后，上疏陈列"经界不正"的十大害处，提出要实行经界法（清丈土地），核实土地数目，重造税籍，使"民有定产，产有定税，税有定籍"。李椿年的这一主张，切中时弊，引起南宋朝廷的重视。绍兴十三年（1143），宋高宗任命李椿年为

李椿年塑像

户部侍郎，设"户部措置经界局"，经界法在全国推行。经过三年，经界法达于东南，全国的税籍制度得到了一次统一的整顿，有些地方推行的效果非常显著。三十多年后，朱熹在给宋光宗的条奏中称"经界最为民间莫大之利，绍兴推行处，公私两利"，充分肯定了经界法。经界法是一项改革，由于触及当时官僚地主的利益，遭到保守势力的攻击，经界法推行受到挫折，李椿年被罢官。回乡后，李椿年创办了浮梁县历史上第一个书院——新田书院和鄱源教院，教授乡村子弟。著有《易说》和《仲永文集》。

　　朱貔孙，字兴甫，浮梁县东高砂人，宋淳祐四年（1244）进士，官至右

谏议大夫，以直言陈事著称。南宋名臣文天祥赞其"一代文章贵，千年谏议名"。

宋淳祐年间，朱貔孙任临江军学教授、福州学教授，他曾上书朝廷减轻人民负担，惩办邪恶，极论宦官权教的祸害。后升任监察御史兼崇政殿说书。期间，上疏揭露丁大全弄权误国之罪，建议广招人才，治理内郡，坚守江南，加强海防。当时有人建议迁都，朱貔孙据理力争，对皇帝说，"銮舆若动"会导致"将士瓦解""盗贼蜂起"，朝廷接受他的建议而停止迁都。他遇事敢言，不畏权势，屡言贾似道公田法之弊。度宗即位后，他被升右谏议大夫，赐紫金鱼袋，章服犀带，后因病辞归故里，终又以敷文阁学士、知福州福建安抚使，病逝于袁州，有文集、奏议传世。

理学家　数朱宏
教育家　有吴迁

朱宏（1130—1210），字元礼，南宋时浮梁沧溪人，是一位理学家，被朱熹赞为"高识笃行，鲜与伦比"，人称"克己先生"。

朱宏年少时聪明颖悟，长大后，放弃科举考试，刻苦学习圣贤之书，独尊儒学。因听说国子司业计衡学术渊博，便负笈前往求教。他与朱熹交游甚密，常切磋琢磨，统一认识。朱熹为其所题名"克己堂"。他平生严肃坚毅，对己要求很严。他讲解《孝经》中"庶人"一章时说"佛经无益于身心"，对佛学的一些观点反复进行驳斥，"唯恐学者陷溺其中"。至于阴阳巫占之说，则一概排斥。在他的影响下，乡里风俗淳雅，人们勤俭守礼。其著作有《四书图考》《六经义》《惠绥集》《有信论异》《迴洵集》等。

朱宏故里、中国历史文化名村——沧溪村位于浮梁县东北部的勒公乡。沧溪村是宋代以来赣皖交界处具有代表性的古村落之一，有着悠久的历史、深厚的文化底蕴、璀璨的人文景观、古朴的民居建筑。

理学家朱宏塑像

朱宏墓

瓷史篇

浮梁县勒功乡沧溪村（付裕摄影）

　　吴迁，字仲迁，浮梁县城西隅人，为元代浮梁著名地方教育家。他天资过人，刻苦钻研理学，渊源广博，精心于教育事业。元兵进犯饶州，他退隐于山中，仍讲学不辍。元仁宗皇庆二年（1313），知州郭郁请他为州庠师，兼任当时著名的长芗、双溪书院山长。他教学程序清楚，讲求法则，屡出高徒。名士、乡绅来访，络绎不绝，称其为可堂先生。不久，他回浮梁县治北的"瑞莲精舍"讲学，从师求教的人众多，就连郑合生、章谷卿、徐进、汪克宽四进士都来从师求教。

　　他年至八十而视听不衰，诲人不倦。九十三岁逝世。著作有《易学启蒙》《诗论》《左传义列》《左传分记》《春秋纪闻》《孔子世家考异》《论语谱论》《孟集注附录》《论孟众记》等多种。明代永乐年间，朝廷诏令编辑《经书性理大全》，多引用他的学说。

元代教育家吴迁塑像

鄱饶地　古昌江
遗址在　见沧桑

　　昌江区境域春秋时属古番(鄱)地,唐代以后分属鄱阳县和浮梁县,为古代饶州故地。昌江区历史文化底蕴深厚,北宋状元彭汝砺,宝文阁待制程节,"政声直入明光宫"的程筠,南宋抗蒙名将彭大雅,明代江西诗派的代表人物刘炳,理学家余祐、史桂芳,廉吏刘莘、陈文衡等一大批曾经在古代饶州历史上显赫一时的人物从这里走出,有多部诗文集被收入《四库全书》或《豫章丛书》;郭璞、颜真卿、范仲淹、苏东坡、岳飞、欧阳玄、宋濂、唐英等历史文化名人为昌江增色;境内陶瓷历史文化古迹星罗棋布,千年古刹旸府寺、宋元时期的长芗书院、元代郭璞峰摩崖石刻等见证了昌江的沧桑历史。2011年,昌江区荣膺江西省首届"十大人文魅力县区"称号。

昌江区域图

彭汝砺　状元郎
彭大雅　事略传

彭汝砺（1041—1095），字器资，昌江区丽阳镇人，北宋英宗治平二年（1065）状元，北宋名臣。王安石爱其才举荐入朝。历官起居舍人、吏部侍郎等职，进权吏部尚书，终官枢密都承旨。《宋史》有传。著有《易义》《诗义》《鄱阳集》。彭汝砺以敢言著称，朝野叹服，进言"今不患无将顺之臣，患无谏诤之臣；不患无敢为之臣，患无敢言之臣"。其临终遗表言："土地已有余，愿抚以仁；财用非不饶，愿节以礼。佞人初若可悦，而其患在后；忠言初若可恶，而其利甚博。"苏东坡称其"对策决科，尝魁天下之士；犯颜逆指，有古名臣之风"。

北宋状元彭汝砺像

彭大雅（生卒年不详），字子文，宋嘉定丁丑（1217年）进士，官朝清郎，任四川制置使兼管剑门关事宜。绍定五年（1232），蒙古遣使来议夹攻金朝事，南宋遣使报谢，彭大雅为书状官随行，将亲身见闻写成《黑鞑事略》，叙述了蒙古立国、地理、物产、语言、风俗、赋敛、贾贩、官制、法令、骑射等事，详备简要，是研究蒙古开创历史的珍贵资料。彭大雅任四川安抚制置副使兼重庆知府时，曾主持三筑重庆城，其城郭、城防建设，在抗蒙战争中遏制了蒙军的灭宋进程。彭大雅去世后，朝廷封其为忠烈英卫侯，又封其父为灵祐侯。重庆人为怀念这位功绩卓著的重庆知府，今将其列为重庆历史文化名人。

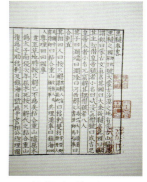

《黑鞑事略》书影

刘彦昺　开国功
陈文衡　廉吏颂

　　刘炳（1331—1399），字彦昺，今昌江区鲇鱼山镇义城村人。明代洪武初，献书言事，授中书典签，出为大都督府掌记，为朱元璋取得与陈友谅"鄱阳湖大战"的胜利出力甚多，朱元璋赐其"开国功臣"牌匾。刘彦昺工于诗文，名列《明史·文苑传》，是明代江西诗派（又称江右诗派）的代表人物之一。所著《春雨轩集》，宋濂为之作序，赞其诗"脍炙人口而不厌"，后入编《四库全书》。"清初三大儒"之一的王夫之在《姜斋诗话》中用"高华"一词称赞刘炳的诗。

　　陈文衡，字惟平，昌江区鲇鱼山镇凤岗村人。自幼聪明过人，勤奋好学，喜爱诗文。明穆宗隆庆二年（1568）中戊辰科进士。历官仁和知县、监察御史、广东副使、湖广参政、山东按察使、广西右布政使等职。陈文衡一生持廉守正，勤于理政，堪为表率，后因积劳成疾，病逝于京，享年59岁。《广东通志》举其为名宦，《鄱阳县志》有传。

《豫章丛书》收入刘炳《春雨轩集》

倡理学　有余祜
史惺堂　名士风

　　余祜（1465—1528），字子积，号认斋，昌江区丽阳镇人，明弘治十二年己未（1499）进士。余祜历官南京刑部员外郎、山东副使、云南布政使，转吏部侍郎，未离滇而卒，享年六十四岁，葬丽阳镇。余祜一生致力于弘扬程朱理学，编著《性书》《文公经世大训》《游艺至论》等，为其师胡居仁编有《居业录》《敬斋集》等。《明史》有传附于胡居仁之后，称"其弟子余祜最著"。余祜事迹后载入黄宗羲著《明儒学案》。

　　史桂芳（1518—1598），字景实，号惺堂，曾任歙县令、南京刑部郎中、延平知府、汝宁知府、两浙运使。史桂芳早年在白鹿洞求学，是明晚期较有影响的学者、诗人、古文家，同罗汝芳、耿定向等人一起讲学，对世人影响深远。后人赋诗称赞他："碣石风霜历几春，遗文千载见精神。芝山蠡水今犹昔，三百年来无此人。"他记载胡闰遗事的《英风纪异》被收入《四库全书》；《惺堂文

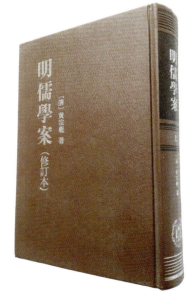

余祜、史桂芳事迹载入《明儒学案》

集》也在《四库全书》中存目。史桂芳为政以德化民，迁两浙运使时，当地百姓数千人相送。此外，史桂芳治学、治家严谨，史氏一门人才辈出。他的家训一直为人称道。"劳则善心生，养德养身咸在焉；逸则妄念生，丧德丧生咸在焉"。

史桂芳的曾孙史简，字文令。他编辑的《鄱阳五家集》在鄱阳文化史是一件十分了不起的事。《鄱阳五家集》又称《鄱阳五先生集》，共15卷。该集汇集鄱阳自宋末至明初5位诗人的著作，其中黎廷瑞、徐瑞、刘炳（彦昺）为现今景德镇市昌江区人。

昔洎水　文阜殷
饶娥孝　泪滩情

　　乐平城东有翥山，城南临洎水（乐安江），故乐平别称翥山，又号洎水。有着 1800 多年建县历史的乐平，素称文物之乡。

　　历史上乐平曾涌现了"一王二侯三驸马，四位左右一品相，五位状元、榜眼和探花，三百多位进士郎"。早在宋、元之际，洪氏父子、马氏父子即先后辉映。唐代有孝女饶娥。宋代有参罢二相以敢谏著称的马遵，有为苏轼推重的文学家、著名政论家马存，有"久任言官，言不避祸"的殿中侍御史洪彦昇，有历任开封府尹、吏刑二部侍郎"靖康之变"中殉国的程振，有先中进士后又中武状元的徐衡。元代，有作品被誉为"蓝田美玉"的杂剧家赵善庆，有著述颇丰的理学大师程时登。明代，有被朱元璋称为"种德"的御医杨文德，有被朱元璋收为义子后封黔宁王的沐英，有曾任《永乐大典》副总裁的徐旭，有人称"王板法"（执法如山之谓）的监察御使王仲寿。清代，有祖籍乐平随清军入关建议以科举取用汉人的大学士范文程，有嘉庆元

石景芬纂《饶州府志》书影

泪滩双月（徐天泽摄影）

年榜眼累官工、礼二部尚书卒赠太子太保的汪守和，有武状元任御前头等侍卫的汪道诚，有编纂《饶州府志》的石景芬。

乐平不仅名人辈出，而且著作颇丰。据清代同治年间统计，自宋代以来，洪迈、马端临等140余人编纂了379部书。其中33部共900余卷收入《四库全书》。

饶娥（749—762）是乐平历史上有名的孝女。她字琼真，乐平接渡泪滩人，幼时家贫，母亲早逝，与父亲相依为命。唐宝应元年（762）的一天，她的父亲饶绩在江中捕鱼，不幸船翻溺水而亡，尸体下落不明。饶娥得知消息后赶到岸边放声痛哭，来回在江边寻找父亲的尸体，三日不吃不喝而死。第四天，她父亲的尸体才浮出水面。乡民凑钱埋葬了饶娥及其父亲。此事后来传到官府，引起极大重视。为纪念这位孝女，人们为她塑像立祠，称饶娥祠。唐代文学家柳宗元为其撰写诔文，赞其"烈烈孝娥，水死上虞。娥之至德，实与上侔"。到宋代，朝廷赐颁"显孝"匾额，历朝都将其作为以孝治天下的典型，大加赞扬，为其建庙、立碑。饶娥恸哭的河段，被称为"泪滩"，千万年来让人凭吊。北宋著名政治家、诗人范仲淹有《题饶娥庙》诗一首，诗曰：有唐孝女号饶娥，哭得亡亲上碧波。古渡清风明月夜，令人不忍听渔歌。

饶娥祠历经千年，几经兴废。祠内设饶娥神位、香炉等，现祠仅存三丈见方的前半截。

瓷史篇

123

洪公节　容斋书
马氏文　通考著

乐平自古人文荟萃，"洪公气节，马氏文章"尤为后人所称道。

洪公即洪皓（1088—1155），字光弼，乐平洪岩乡岩前村人。他年少志成，中过进士，授徽猷阁直学士，任饶州知府、礼部尚书等职。洪皓曾经"冒死罪赈灾，放粮救难民"，名震一时，被人们尊为"洪佛子"。宋建炎三年（1129），洪皓出使金国，忠贞不屈，流放冷山，历尽艰辛15年，全节而归，历史上与苏武齐名。他留金期间，多次解救被俘军民，刺探军情，教授当地人学习汉文，还宋后因大胆揭露秦桧私通金国而被贬。绍兴三年（1155）昭雪，病逝于南雄，谥忠宣。《宋史》有传。洪皓著作颇多，有《松漠纪闻》《鄱阳集》《帝王通要》《金国文具录》等传世。

洪皓生有三子，即洪适、洪遵、洪迈，均中进士。"三洪"文名满天下，尤以洪迈为最高。洪迈（1123—1202），字景卢，别号野处，绍兴十四年进士，官至瑞明殿学士。学识渊博，成就斐然，文章等身，有《容斋随笔》《夷坚志》《万首唐人绝句》等著作传世。其中集40余年心血写就的74卷巨著《容斋随笔》，资料丰富，议论精辟，为一代伟人毛泽东

洪皓塑像（徐天泽摄影）

终生珍爱。

马氏即指马端临。马端临（1254—1340），字贵与，号竹村，乐平众埠乡楼前村人，生于安徽贵池，宋末丞相马廷鸾次子。马廷鸾（1222—1289），字仲翔，号碧梧，自幼甘贫苦读，知识渊博，工于文辞，名扬徽、饶二州，淳祐七年（1247）赴京应试，笔试第一，廷试第四，初为史官，后拜相，为官清廉，疾恶如仇，晚年辞官隐居，著书教学。马廷鸾为人厚道，处世精明，终身以"留有余不尽之巧以还造化，留有余不尽之禄以还朝廷，留有余不尽之财以还百姓，留有余不尽之福以还子孙"为座右铭。

元初之际，马端临随父归故里，隐居家乡，潜心治史30余年，著《文献通考》348卷。《通考》是典志体史书中的一部巨著，与杜佑的《通典》、郑樵的《通志》并称"三通"。《通考》为"三通"之首。马端临淡泊功名，潜心治史，是一位杰出的大史学家。

袁闻柝　固海防
抗日寇　泽台湾

袁闻柝（1821—1884），字警斋，乐平接渡袁家村人。其父迹山为饶州府学秀才，精研医理。袁闻柝自幼秉承父志，专业行医。清咸丰年间，弃医习武，后为左宗棠赏识，随左部由浙入闽。同治十年，其被派往台湾治理海防事务。

在台湾治理海防事务期间，袁闻柝多有建树。同治十二年，袁闻柝平息阜南地区少数民族叛乱。同治十三年（1874）三月，日本军舰侵入台湾琅桥，袁闻柝独登日舰，驳斥日军。之后，袁闻柝招募军人勇士，逼退日本兵舰，日本入侵军恐慌，主动提出议和。光绪年间，他招抚台湾埤南以北沿山、沿海平地及高山各村寨，垦荒耕种，广设学堂，普教黎民。光绪七年（1881），袁闻柝被朝廷任命为台湾知府，直至光绪九年奉召入京。

袁闻柝在台湾治理海防，前后达 14 年之久，功勋卓著。《台湾省通志》（1973 年）称："自恒春以至埤南，水尾以迄花莲港，南北八百里，咸沐王化，实自闻柝始也。"对袁闻柝予以充分肯定。

《台湾通史》书影

戴良谟　数学家
汪兼山　法学家

戴良谟（1901—1981），又名远猷，乐平市洺口乡戴家村人，著名数学家。

1921 年，戴良谟以优异的成绩考入当时与清华、北大齐名的南京东南大学，师承竺可桢、吴有训、熊庆来等著名学者，专攻数学。1926 年大学毕业后，他曾在江苏无锡中学和江西心远中学等学校短期任教。这时，经吴有训介绍，戴良谟加入了中国国民党。1926 年 8 月，北伐军克复乐平，戴良谟满怀一腔报效乡梓的热忱，回到了家乡，旋即被任命为县教育局局长。当时的乐平县已是一个 20 万人口的大县，然而却没有一所中学。莘莘学子要入中学深造，近的去鄱

戴良谟塑像（徐天泽摄影）

阳，远的赴省城，大大制约了乐平教育的发展和文化的传播。戴良谟上任伊始，便多方奔走，大声疾呼，经多方筹措，终于在县儒学里（今市委大院）创办了乐平县立中学。戴良谟亲任校长，随即广延人才，聘请教师。乐平县立中学的创建，实为乐平现代中等教育肇始。从此以后，乐平的教育事业逐步发展壮大，为周围县市所瞩目。1929 年春，戴良谟辞去乐平县教育局局长和乐平中学校长之职，去国离家，东渡日本，转入东京帝国大学继续深造。1931 年，戴良谟回国参加河南省文官考试，高居榜首，被委任宁陵县县长。

两年后，他辞去官职，应熊庆来之邀，同华罗庚一起来到清华大学数学系任教，其间发表重要论文《代德肯系数》。抗战爆发后，戴良谟在由南迁到昆明的北大、清华等名校联合组成的西南联大任教。1940年，江西创办中正大学（后更名为南昌大学），戴良谟应邀任教。新中国成立后，他赴京参加中国数学会全国代表会，当选为该会理事，潜心钻研近代数学。1953年，全国高校院系调整，他到武汉华中工学院（今华中理工大学）担任数学研究室主任。戴良谟一生从事教学和研究，著译甚丰，重要著作有《戴德肯氏乘法新定义》《微积分讲义》《高等数学》等，译著有《非标准分析》等。

汪瑄（1914—1993），字兼山，乐平市人，我国著名法学家和法学教育家，我国国际经济法的奠基者。

1928年，汪瑄随兄东渡日本，在东京东亚预备学校学习，后考入东京第一高等学校（帝国大学预科）。"九·一八"事变后，他痛心于日本侵略，于1932年愤然回国，当年考入北京大学法律系，1936年毕业获法学学士学位，并留校任教。1943汪瑄赴美国留学，在康奈尔大学攻读，主修国际法及国际关系，1947年获哲学博士学位。回国后，汪瑄在北京大学法律系任教，1952年因院系调整，他随同法律系转到新成立的北京政法学院任教，一直任该校

汪瑄译著书影

教授，并担任博士生导师，系中国国际法学会理事、中国国际经济法研究会顾问、中国法律咨询中心法律咨询顾问，入选《中国当代名人录》。1994年6月，中国政法大学出版了《汪瑄论文选集》。我国著名法学家王铁崖教授和中国政法大学前校长陈光中教授为文集作序。他们盛赞汪瑄教授热爱祖国、忠于法学教育的精神和勤勉、谦虚的品质。认为"汪瑄教授于七十年代末开始致力于国际经济法的研究，是我国最早开展这方面研究的国际法学者之一"，"他的一生对于中国国际法的发展做出了贡献"。

汪瑄主要研究国际法，并致力于国际经济法的研究，为我国国际经济法学最早倡导人之一。汪瑄治学严谨，一生著述颇丰，著有《中日战争与美国远东政策》《国际公法提纲》，主编《涉外经济法辞典》，合作编写《国际法》（高等学校法学教材）、《中国大百科全书》（1984年出版，《法学卷》），主要译作有《代议制政府》《奥本海国际法》《现代国际法概论》等多种。

古戏台　赣剧兴
石凌鹤　剧家名

　　乐平市地处赣东北腹地，是瓷都景德镇的南大门。这里山川钟秀，人文昌达，400 余座各式古戏台遍布城乡之间，乐平也因此有"中国古戏台博物馆"之美誉。

　　乐平古戏台一般以传统的木构架为主要结构方式，主要有会馆台、宅院台、庙宇台、万年台和祠堂台等类型。比较著名的古戏台有浒崦村古戏台、坑口村古戏台、车溪敦本堂祠堂台、坎上村戏台等，其造型之雄伟、气势之恢宏、工艺之精湛，令人叹为观止。浒崦村古戏台是乐平市祠堂台的经典之作，它始建于清代同治十二年（1873），建筑面积 2400 平方米，为晴雨双面祠堂台，由戏台、看台和名分堂 3 部分组成，可容纳 4000 人看戏。其建筑规模宏大，木雕精致，初建时集能工巧匠 70 余人，历时 3 年始得竣工，现已被列为省级重点文物保护单位。

乐平古戏台（柴有江摄）

木雕古戏台

　　古戏台是乐平农村文化的主阵地和村民的精神家园。千百年来延续不绝的戏剧文化，使其成为赣剧的一个重要的渊源地，被称为"赣剧之乡"。乐平戏剧早在元、明之际就已十分活跃，乐平高腔闻名遐迩。乐平戏剧家、表演艺术家名人辈出。元代戏剧家赵善庆所著《孙武教女兵》和《唐太宗骊山七德舞》等杂剧，被《太和正音谱》誉为"蓝田美玉"。当代著名的剧作家石凌鹤、表演艺术家许还山、马博敏、石兰等都是从乐平这方热土走向全国的。

　　石凌鹤（1960—1995），原名石联学，号逊轩，乐平大田村（今属后港乡）人。石凌鹤出身于书香门第，自幼熟读诗书。1927年春，石凌鹤在江西省总工会就职，不久秘密加入中国共产党，11月，东渡日本求学。1929年，石凌鹤回到上海，经夏衍介绍，参加"中国左翼戏剧家联盟"。1933年，中共中央文化工作委员会成立，石凌鹤参加了夏衍为组长的电影小组。此间他创作了《血》《高贵的人们》《黑地狱》《洋白糖》《上前线去》《死前的欢笑》等剧本。

　　抗日战争爆发后，石凌鹤于1938年5月到达武汉，受到周恩来的亲切接见，并被安排在郭沫若领导的国民党军委政治部工作。同年10月，石凌鹤被派驻湖南衡山，将湖南花鼓戏《十劝郎》改编成《劝夫从军》，被称为中国第一个改革戏曲的人。1941年，石凌鹤担任导演，首次演出郭沫若创作

《石凌鹤传》《凌鹤剧作选》等书影

的《棠棣之花》。

1949 年 7 月，石凌鹤与梅兰芳、麒麟童、白杨等人代表上海文艺界赴京参加全国第一次"文代会"。10 月底，全家返回江西，筹建省文联。1951 年4 月，石凌鹤当选为江西省首任文联主席，从事抢救饶河戏的工作，将饶河戏、信河戏定为赣剧，并于 1953 年成立省赣剧团。此间，石凌鹤还亲自创作了"幻灯字幕"，并为全国各剧团普遍采用。

1959 年、1961 年，毛泽东主席两次在庐山召开会议期间，两次点名观看石凌鹤剧作，并给予了"美秀娇甜"四个字的评价。1962 年，石凌鹤的新编历史剧《西域行》、改编剧《西厢记》在首都人民大会堂成功演出，党和国家领导人刘少奇、周恩来、陈毅等观看演出并和编导、演员合影留念，周恩来总理还邀石凌鹤等到他家中作客。

"文革"期间，石凌鹤受到迫害。平反后任上海市"上海戏剧"顾问，后又任全国文联委员、中国戏剧家协会上海分会副主席，先后出版了《凌鹤剧作选》《汤显祖剧作改译》《西域行》等，创作新编历史剧《山花插满头》，为我国的电影、戏剧事业做出了巨大贡献。

崛 起 篇

新中国　百废兴
陶瓷业　焕新生

　　景德镇陶瓷业在经历了明清以来的兴盛后，到了清代后期窑业每况愈下，民国时期制瓷行业几近衰落。曾经以"千窑升火""廿里长街半窑户"著称的手工业城市，至新中国成立前夕全镇开烧的瓷窑已减至 8 座。

　　1949 年新中国成立，百废待兴。景德镇陶瓷业重新焕发生机。六十年来，特别是党的十一届三中全会以来，景德镇的陶瓷工业有了巨大的发展。

　　生产规模不断扩展，新中国成立初期全市从事瓷业的人数为 1.22 万人，到 20 世纪末陶瓷从业人员达 7 万多人。全市日用瓷产量由 1949 年的 6350 万件增至 2003 年的 6 亿多件。陶瓷总产值由解放初不足 1000 万元到 2010 年增至 160 亿元。全市窑炉总数超 2000 座。陶瓷产品数十次获国际发明奖、国际金奖、国家发明奖、国家金奖和银奖。

景德镇十大瓷厂博物馆

景德镇宇宙瓷厂一角

　　陶瓷原料生产蓬勃发展，制坯工艺日趋先进。焙烧方式几经改革，陆续以倒焰式煤窑、煤烧隧道窑、油烧隧道窑、气烧隧道窑、气烧梭式窑取代了过去以松柴为燃料的蛋形窑。

　　陶瓷产业结构发生了历史性的变革。过去单一的日用瓷生产已发展成为日用瓷、工艺美术瓷、建筑、卫生瓷、工业用瓷、电子陶瓷、特种陶瓷和高技术陶瓷等多门类的瓷业生产。陶瓷艺术步入一个崭新的时代，焕发出新的活力，发明和创造了色釉彩、综合彩、现代陶艺、现代青花、釉中彩等不少新彩类、新形式、新技法以及新工艺、新材料。传统装饰艺术大放异彩。教育科研硕果累累。

　　此外，在所有制结构方面，曾经辉煌的计划经济时代的景德镇"十大瓷厂"全面改革改制。民营、个体陶瓷蓬勃兴起，涌现了一批如环球、佳洋、鹏飞、南光、冀龙、望龙等民营企业。近年来，一批台资、外资陶瓷企业如海畅、东璟、台达、东海堂、美国常青、贾泊氏等相继落户景德镇，成为景德镇陶瓷经济新的增长点。

　　当今的景德镇，已成为我国出口瓷、内销瓷和国家用瓷的重要生产基地。

日用瓷　工艺精
艺术瓷　享盛名

　　日用陶瓷是指盘、碗、杯、碟等日常生活中所需用的瓷器。日用陶瓷是景德镇瓷器生产的主流,品种繁多,造型优美,装饰丰富,制作精致。新中国成立以后,据不完全统计,景德镇日用陶瓷有13个大类,232个系列,1680多个品种。新中国成立后至20世纪90年代,以景德镇瓷厂、宇宙瓷厂、为民瓷厂、人民瓷厂、华风瓷厂、新华瓷厂、红光瓷厂为主体的大中型国有瓷厂,年产量均在1000万件以上,是景德镇日用陶瓷业的骨干企业,其产品工艺精湛,在国内外享有较高声誉。

　　据有关部门介绍,1979年以来,景德镇日用陶瓷先后获得26块国际金奖,10块国家金牌,9块国家银牌,并获得部优产品52项、省优产品114项,所获奖项列全国各大产瓷区之首。

　　进入21世纪以来,景德镇日用陶瓷生产出现恢复性增长。经过改革重组后的陶瓷企业不断创新,使景德镇的日用瓷生产技艺在全国仍处尖端。由

日用瓷器

原景德镇瓷厂为主体组建而成的景德镇陶瓷股份有限公司，是目前景德镇市唯一一家尚在运行的国有大型日用陶瓷企业，是国内技术装备一流、工艺技术一流、管理水平一流、投资规模最大的大型现代化陶瓷生产企业。

"红叶"牌瓷器

该公司通过 ISO9001：2000 国际质量体系认证，其"红叶"牌陶瓷获得国家质量总局授予的原产地标识认证证书，成为目前国内日用瓷唯一获证单位，"红叶"牌陶瓷还获得"国家免检产品""中国名牌"等多种荣誉。此外，该公司还先后开发了中南海用瓷、人民大会堂用瓷、上海 APEC 会议专用瓷、奥运瓷和世博会专用瓷等，并拥有自主知识产权专利产品 11 项，创下了国内"套具产品平均单位卖价第一、出口产品平均卖价第一、人均劳动生产率第一"的纪录。目前，该公司已荣登"中国轻工业 500 强"之列，并相继列入国家信息技术应用示范工程、国家特色产业基地主要骨干企业。

驰名中外的瓷都景德镇，不仅日用瓷技艺精湛，处于国内尖端水平，艺术陶瓷更是处于巅峰地位，享有盛名。

新中国成立以来，景德镇先后建有以生产文具、花瓶、挂盘、屏风、雕塑等艺术陈设瓷为主的企业，其中有代表性的企业有建国瓷厂、艺术瓷厂、雕塑瓷厂、青花文具瓷厂等。

近年来，景德镇的艺术陶瓷取得了空前的发展。这主要得益于景德镇的陶瓷专业人才优势。据有关部门统计，景德镇目前共有陶瓷工艺美术专业教授、副教授 59 名，陶瓷工艺美术研究员 3 名，国家级专家 2 名，省（部）级高级工艺美术师 175 名，市级高级工艺美术师 376 名，中国工艺美术大师 23 名，中国陶瓷艺术大师 9 名，省级工艺美术大师 36 名，景德镇市人民政府历年命名的"陶瓷美术家"55 名。这些陶瓷艺术家不仅在全国各种形式的陶瓷艺术评比中显示出了雄厚的实力，而且技压群雄夺得种种大奖，甚至在日本、新加坡等各国也颇有影响，为景德镇艺术陶瓷的发展做出了巨大贡献。

建筑瓷　发展快
工业瓷　兴未艾

　　建筑卫生陶瓷是新中国成立以后，景德镇新兴的陶瓷工业之一。景德镇雄厚的陶瓷资源和技术基础，使建筑卫生陶瓷发展迅速，成为景德镇工业的重要一翼。建筑卫生陶瓷有釉面砖、墙外砖、地砖和洗脸器、水箱、大小便器等。釉面砖和墙地砖成型使用干压摩擦压砖机和液压自动压砖机生产线，液压产量是干压产量的 8 倍，装饰图案有釉上彩、釉下彩、刻花、颜色釉等 200 种左右。

　　新中国成立以来，景德镇生产建筑卫生陶瓷的企业主要有景德镇陶瓷厂、地毯砖厂、瓷都洁具厂、陶瓷装饰材料厂等，产品畅销国内外。近年来，随着民营陶瓷企业的迅速发展，一批有较强竞争实力的建陶企业蓬勃崛起。景德镇鹏飞建陶有限责任公司，全面引进国内最先进的地砖成型技术、窑炉及烧成新工艺，建成一条全国最长、产量最大的陶瓷生产线。公司通过

瓷毯展示厅一角

ISO9001：2000 国际质量体系认证，并通过与景德镇陶瓷学院等科研院校（所）结合，成功开发了仿古砖、光催化自洁墙地砖、结晶釉外墙砖、仿真皮纹砖、瓷毯等产品。公司生产的"景赐坊"和"卡地克"瓷砖被授予"中国知名品牌"，其中"景赐坊"品牌瓷砖同时被授予"国家免检产品"称号，产品畅销全国 10 多个省份的 60 多个地区。

随着时代的发展和科学的进步，跨入工业技术领域的各种新型陶瓷不断出现，其中电力用瓷、纺织用瓷、电子陶瓷以及特种陶瓷和新技术陶瓷等工业用瓷方兴未艾，产品逐步进入国内、国际市场。

电力用瓷产品有高压电瓷、520 千伏以下高压线路针式绝缘子、220 千伏以上高压隔离开关等 24 个系列 185 个规格品种。纺织用瓷主要是纺织机械设备上附属耐磨、耐腐蚀的小瓷件。电子陶瓷是景德镇陶瓷的后起之秀，为特种陶

高技术陶瓷国际论坛

瓷的一个较大的分支，它至今已发展成为许多新技术的心脏部分。景华无线电器材厂（九九九）、万平无线电器材厂（八九七厂）、景光电工厂（七四〇厂）等一批厂家生产的电子陶瓷产品，多次荣获国内金奖。产品由 20 世纪 60 年代主要为军工和国家重点工程的设备仪器配套，逐步扩展到为广播、电视、通信、科技、气象、科学实验卫星等工程设备、仪器配套。近年来，景德镇高技术工业陶瓷的初露端倪，备受人们关注。由清华大学博士生导师谢志鹏注册创办的新纪元精密陶瓷有限公司，拥有第二代国产直丝陶瓷托槽、外螺旋轴承、等离子点火装置等多个高技术产品。景德镇与国家科技部联合打造的陶瓷科技园已有多家高科技工业陶瓷企业入驻。

门类全　分工明
产学研　创高新

新中国成立以来，特别是改革开放以来，景德镇陶瓷业得到飞跃发展，陶瓷产业结构不断优化，陶瓷行业分工更加细密，并形成了"大陶瓷"产业格局。陶瓷生产，除过去单一的日用瓷生产外，已发展成为日用瓷、陈设艺术瓷、建筑卫生瓷和工业陶瓷等多个部类，全市陶瓷产品拥有 20 多个大类，300 多个系列，30000 多种器型，7000 多种花面。陶瓷配套工业发展迅速，形成原料精制、包装装潢、陶瓷机械、瓷用化工、耐火材料、石膏模具等工业体系，增强了景德镇陶瓷参与市场竞争的能力。瓷业兴、百业兴。如今的景德镇，已逐步形成以陶瓷文化为核心，包括陶瓷科研、教育、培训、交流和陶瓷文化研究、博览、旅游、出版为一体的主流文化。

进入 21 世纪以来，景德镇坚持自主创新，走产、学、研相结合的路子，用科技进步助推陶瓷业的发展。2003 年景德镇开始实施省部共建景德镇国家陶瓷科技城并组建国家日用及建筑陶瓷工程技术研究中心，先后设立了日用陶瓷研究、建筑陶瓷研究、热工及设备研究

国家日用及建筑陶瓷工程技术研究中心

景德镇国家级高新技术开发区

以及装备陶瓷研究等四个技术研发平台。目前，工程中心在研项目达 100 余项，部分项目已被列为国家"科技攻关引导项目"，中心下属的华夏建陶研发中心是国际陶瓷权威机构——英国陶瓷协会 CERAM 在中国的唯一认可实验室，其检测样品数据得到英国乃至整个欧盟的认可。工程中心在科研攻关、成果推广和孵化等方面取得可喜成绩，现已开发中低温高档日用细瓷、无公害熔剂、环境友好型陶瓷透水砖、纳米易洁陶瓷砖等 24 种产品。进入中心孵化的景德镇环球陶瓷有限公司成为世界 500 强公司"宜家""麦德龙"的陶瓷供货商。此外，国家陶瓷质量监督检验中心被批准组建。国家知识产权局批准在景德镇设立的中国陶瓷知识产权信息中心正式建成并开通。

依托科技进步，打造陶瓷产业基地和新的发展平台，面积为 1.5 平方公里的陶瓷工业园和面积为 8.12 平方公里省级陶瓷科技园已初具规模。台资台达、美资常青、环球陶瓷、日本嘉佳、鹏飞、台湾海畅、澳洲东富盈、浙江三雄、佛山金意陶、特地陶瓷等台、外资及内地知名企业入园办厂，高新技术陶瓷企业的聚集正在形成。

兴教育　建陶校
育桃李　满天下

　　新中国成立以后，景德镇的陶瓷教育得到飞速发展，特别是进入 21 世纪以来，景德镇的陶瓷教育在办学体制与形式、专业设置与内容、办学规模与师资等方面实现历史性突破。建立了景德镇陶瓷大学、景德镇学院、江西省陶瓷职业技术学院等一批大中专院校，建成了全国中小学生陶艺培训基地等培训机构，形成较为完整的教育体系，为景德镇与全国陶瓷工业培养了大批人才。

　　景德镇陶瓷大学，原名景德镇陶瓷学院，其前身为成立于 1910 年的中国陶业学堂，1927 年更名为江西省立陶业学校，1947 年升格为江西省立陶业专科学校，1958 年成立本科建制的景德镇陶瓷学院，2016 年 3 月更名为景德镇陶瓷大学。该校是我国迄今为止唯一的一所以陶瓷工科为主体，文学、艺术、经济、管理兼备，体系完整，专业人才较为集中的多学科的陶瓷高等学府。经过近半个世纪的发展，学校设有材料工程、热能工程、美术、机械电子工程、计算机科学、工商管理、外国语、社会科学等 8 个系、27 个专业，全日制在校生达 1.5 万人，有硕士、本科、高等职业教育、成人教育

景德镇陶瓷大学

陶瓷大学瓷雕

等多层次的培养形式，并招收港、澳、台和外国留学生，在国际国内的声誉日益扩大，被誉为"陶瓷黄埔"。

景德镇陶瓷大学以本科教育为主，大力发展研究生教育，现有硕士点5个，分别为设计艺术学、美术学、材料学、机械设计及理论和热能工程。学校工艺美术设计学科、硅酸盐材料学科、轻工机械学科为全国和省重点学科。学校拥有一支学识水平高、力量雄厚、梯队合理的师资队伍。他们中有许多是蜚声海内外的陶瓷艺术家或陶瓷工程材料专家。近几年来，学校承担了数以百计的科研项目，许多项目已转化为生产力，成为地方经济的支柱。

学校陶瓷艺术创作十分活跃，在国内外艺术大展中屡屡获奖，许多教授的作品被国内外著名的博物馆收藏。

20世纪90年代，学校对外交流活动日益活跃，先后与日本、美国、韩国、加拿大、俄罗斯等国的17个高校建立校际友好关系，广泛开展校际交流。与美国阿尔佛雷德大学、西弗吉尼亚大学联合举办的"中国陶艺国际夏季进修学院"，在国内外产生了较大影响；多次与国外的陶瓷艺术界和大学举办国际陶瓷艺术研讨会、中美陶艺展、中加陶艺展、中韩陶艺展等，促进了学院师生与国外的交流与合作。学校还编辑出版了《中国陶瓷工业》《中国陶瓷》《中国陶艺》《陶瓷学报》等报刊，享誉国内外陶瓷界。其中《中国陶瓷工业》杂志是我国陶瓷行业唯一入选中文核心期刊的刊物。

重科研　立陶所
汇精英　结硕果

　　景德镇有国家、省、市各级陶瓷研究机构，汇聚了一大批陶瓷精英，承担国家、省、市各类科研项目，对改变我国陶瓷科技落后现状，发展陶瓷工业做出了重大贡献。

　　中国轻工业陶瓷研究所创建于 1954 年，是全国陶瓷行业率先成立的集陶瓷科技与艺术于一体的唯一的部属专业研究所。建所 50 年来，先后承担科研项目 470 多项，其中完成国家、部、省的重点项目 127 项，获部、省级科技成果奖 87 项。该所以应用研究为主，基础研究为辅，主要承担日用陶瓷、特种陶瓷、艺术陶瓷、耐火材料、窑炉机电、陶瓷颜料的研究与开发。同时还拥有 3 个国家级陶瓷实验中心，主办国家级情报刊物——《中国陶瓷》，在国内外发行。该所现有 10 多位中国工艺美术大师和众多陶瓷美术家，先后研制生产了人民大会堂江西厅专用瓷、"7501"毛主席用瓷、外交部礼品瓷、钓鱼台国宾馆及大使馆用瓷等，其下属高档瓷厂被誉为"现代御窑"。

中国轻工业陶瓷研究所

江西省陶瓷研究所 1985 年建所，是省属陶瓷科研机构，设有江西省陶瓷科技情报中心站、江西省陶瓷质量监督检验站、景德镇市窑炉学会等，是"国家日用及建筑工程中心"副主任单位，创有国内外发行的《陶瓷研究》杂志。历年来共承担各级科研课

轻工业陶瓷研究所生产的 7501 瓷

题 100 多项，获部、省级各类奖 36 项。目前该所已形成陶瓷窑炉技术、礼品瓷研发和陶瓷新材料开发三大产业。每年完成艺术精品瓷设计创作 300 多种，艺术陶瓷作品多次应邀到日本、美国、加拿大、德国、法国、新加坡、马来西亚、澳大利亚等国和我国香港、澳门、台湾地区展出，成为世界上许多国家和地区美术馆及收藏家们青睐的艺术珍品。

景德镇市陶瓷研究所，作为景德镇艺术陶瓷科研和设计的殿堂，汇聚了一大批在陶瓷艺术界颇具声望的陶瓷技艺精英。他们在艺术瓷创作设计过程中各擅粉彩、新彩、青花、刷花、高温色釉、釉上珍球彩、釉下综合装饰等技法，故有"汇瓷都艺坛之良才，集景瓷技艺之大成"的佳誉。先后创作了陈列在北京人民大会堂江西厅的"映山红"双耳宝灵樽、香港回归纪念"紫归牡怀图"瓷板巨画、澳门回归纪念瓷"百荷图"巨型青花斗彩瓷瓶，名扬海内外。

此外，景德镇陶瓷考古研究所、景德镇市特陶所、陶瓷工业设计院等科研院所无不人才济济，硕果累累。

畅交流　搭平台
瓷博会　呈异彩

　　为策应陶瓷业的发展与振兴，促进陶瓷产品贸易流通，近年来景德镇建成了中国瓷园、中国陶瓷城、国贸广场、豪德贸易广场、陶瓷大世界、金昌利等陶瓷市场，成为景德镇重要的陶瓷商贸流通平台。

　　进入 21 世纪以来，为进一步做大陶瓷产业，重振瓷都雄风，继 1990 年举办首届景德镇国际陶瓷节以后，于 2004 年景德镇置镇千年庆典之际，景德镇成功举办首届国际陶瓷博览会。2006 年该博览会正式定名为"中国景德镇国际陶瓷博览会"，是中国目前唯一由商务部、中国轻工业联合会、中国国际贸易促进委员会、江西省人民政府共同主办的国家级国际陶瓷博览会，并成为全国 12 个重点博览会之一，江西省两个重要博览会之一，被业界誉为陶瓷领域的"广交会"。该博览会以"博览世界陶瓷精品，弘扬千年瓷都

陶瓷大世界一景

古陶瓷市场

文明"为主题，按照"建好平台，扩大贸易，打响品牌，做大产业"的总体要求，搭建国际贸易、文化交流、技术展示、引资合作的最佳平台。

陶瓷大市场的建立与瓷博会的成功举办，以瓷会友，以瓷为媒，全方位开展对外交流与合作，主动融入国际化大潮流，大大加强了景德镇同海外的友好交往，加速了瓷都经济国际化进程。此外，景德镇还与韩国利川、日本濑户市等世界10多个知名产瓷城市进行友好交流，促进了互利双赢。

景德镇国际陶瓷博览会一角

窑火旺　瓷乐响
舞翩跹　颂华章

　　景德镇千年窑火不断，在创造了无数的人间瑰宝的同时，也创造了景德镇独特的陶瓷文化和习俗。许多到景德镇参观旅游的人士一边赏名瓷，一边聆听着悠悠瓷乐，或一边就着"太平窑火"翩翩起舞，景德镇博大精深的陶瓷文化让人心醉神迷。

　　瓷乐是景德镇独有的器乐，被誉为"中国一绝，世界首创"。景德镇歌舞团经过十几年的积累和探索，成功地研制出一套新型的瓷系列乐器，其造型美观大方，色泽古朴典雅，演奏起来清新悦耳，美妙动听，具有音质优美、音域音量适中和不受气温影响等特点，是千年陶瓷文化的体现和发展，是中华民族乐器宝库中又一颗璀璨的明珠。

　　20 世纪 90 年代以来，景德镇建起了世界上第一支瓷乐队。1999 年，在

瓷乐表演

太平窑城雕

昆明世界园艺博览会开园之际，景德镇瓷乐队首次亮相即引起轰动，数十家新闻媒体争相报道。近几年来，景德镇女子瓷乐队先后应邀赴北京、上海、香港、澳门及日本、俄罗斯、亚美尼亚、新加坡、泰国等40多个国家和地区演出，所到之处，都受到热烈欢迎。

烧"太平窑"是景德镇的传统瓷业习俗。自清代咸丰年间起，每年的中秋佳节，镇民们均要用渣饼（一种瓷质垫饼）在各处砌起一座座"太平窑"，通宵达旦燃烧，意在祝愿瓷业兴旺，市民生活太平、幸福。现在烧"太平窑"已成为重大节庆日的一项精彩活动，也是旅游者能直接参与的旅游节目。

新世纪，景德镇将续写新的华彩乐章。

筑机场　通高速
昔码头　今坦途

　　景德镇地处内陆丘陵地区，过去主要依托水路交通，是一个相对闭塞的地区。新中国成立以来，景德镇的交通状况发生了翻天覆地的变化。

　　在航空方面，始建于 1959 年的景德镇罗家机场，经 1996 年扩建竣工后达到民用机场 4C 级标准，可以全天候保障波音 737 和麦道 82 中型客机的起降。先后开通了景德镇至上海、北京、广州、深圳、武汉、厦门等地直达航班，年客流量达 10 万人次。机场各项指标，在江西省内仅次于南昌昌北机场，名列全省第二。2006 年，该机场正式加盟首都机场集团公司，更名为江西省机场集团公司景德镇机场分公司。目前，该机场开通景德镇——北京和深圳——景德镇——上海等航线。改扩建后的景德镇机场年吞吐量达百万人次。

　　在公路方面，九景高速、景婺黄（常）高速、景鹰高速公路先后建成通车。全省首条 BOT 模式的示范工程——206 国道景德镇路段建成通车。

景德镇机场

景德镇高速公路

在铁路方面，已建的赣皖铁路成为全国铁路网的一部分，人流、物流可通过铁路网通达全国各地。目前已列入国家中长铁路路网规划的九（九江）景（景德镇）衢（衢州）铁路正在规划建设之中，它的建成，将有助于景德镇的进一步开放和发展。

此外，景德镇水路、桥梁以及城市道路、农村公路建设实现了历史性的突破。

今天的景德镇依托交通的快速发展，极大地改善了沪、杭、黄、婺、景、九旅游大通道的交通状况，大大缩短了相互间的时空距离，形成赣皖浙沪旅游风光带和旅游经济圈。同时，拉近了与"长珠闽"地区的时空距离。大交通、大开放、大发展的格局正在形成。

景德镇火车站

瓷史篇

促工业　兴旅游
创特色　新瓷都

　　千年不熄的窑火，铸就了享誉世界的瓷都品牌。进入 21 世纪的今天，景德镇确立"复兴千年古镇、重塑世界瓷都、保护生态家园、建设旅游名城，打造一座与世界对话的城市"的战略目标，重振瓷都雄风，阔步崛起，经济社会发展日新月异。

　　景德镇大力推进新型工业化，逐步形成机械家电、航空汽车、化工医药、电子信息、新型陶瓷、电力能源、特色食品等主导产业。全市规模以上工业年均增长 20%以上。昌汽股份、焦化煤气、华意电器、昌河航空、江纤化等大型企业不断发展壮大。高新技术开发区、陶瓷科技园、农业科技园、昌河汽车零配件工业园、602 所科技园、乐平工业园等一批特色工业园区加快建设。2002 年以来，全市园区工业总产值平均增长 65%。民营工业增长迅猛，全市规模以上民营工业占全市规模以上工业的比重达到 70%，涌现了一批像中景集团、鹏飞建陶、锦溪水泥、电化精细化工、天新药业、立信药业等骨干民营企业。2010 年，全市规模以上工业增加值达 160 亿元，工业园区主营业务收入 370 亿元，市高新区升格为国家级高新技术产业开发区。全市引进 3000 万元以上项目 145 个。2015 年年末，全市规模以上工业增加值（含军工）达 303 亿元；主营业务收入超亿元企业达到 159 户，昌飞、焦化突破百亿元。产业集聚水平进一步提升，优势主导产业完成主营业务收入 960 亿元，比重达到 78%。直升机、精细化工和陶瓷产业集群列入省重点产业集群，精细化工产业集群列入省级工业示范产业集群。

　　中国景德镇国际陶瓷博览会已成为集陶瓷产品展示、贸易投资和文化交流于一体，具有较大国际影响的国家级博览会。

景德镇皇窑景区

　　在着力建设经济强市的同时，景德镇依托以陶瓷为主的独具特色的旅游资源和"千年瓷都"这一世界级品牌，打造"江南旅游都市"。目前全市已拥有陶瓷历史文化博览区、浮梁古县衙景区、高岭（瑶里）风景区、得雨生态园、洪岩风景区、锦绣昌南等国家著名旅游风景名胜区。此外，全市还拥有明清御窑厂遗址、湖田古窑遗址、乐平南窑、丽阳窑址等30多处陶瓷文化遗址，136处古建筑。全市森林覆盖率达58.6%，是江西省重点林区之一，自然环境十分优美，有洪岩仙境、诸仙洞、瑶里风景区、翠平湖、月亮湖等自然景观，各类自然保护区和森林公园星罗棋布。2006年景德镇被评为"中国最值得外国人去的50个地方"之一、"全国18条重点旅游线路之一"，并获"中国优秀旅游城市"殊荣。2010年全市接待旅游人次由2005年的585.6万上升至1324.6万人次，旅游收入突破66亿元。至2015年，接待游客3100万人，年均递增18.5%，旅游总收入260亿元，年均递增31.3%。

　　景德镇是中国独有的以陶瓷文化为特色的旅游城市，珍贵的陶瓷古迹、精湛的制瓷技艺、独特的瓷业习俗、优雅的瓷乐演奏、秀丽的田园风光，

乐平文山怪石林

构成了景德镇独具特色的旅游文化。景德镇历史悠久，古有"江南雄镇"之称，为著名的中国四大名镇之一。景德镇生态环境优良，文化特色鲜明，被誉为"江西省最适宜人居的城市"，并获"中国人居环境（范例）奖"。2007年景德镇入选由世界品牌组织、美中经贸投资总商会联合推选的"中国特色魅力城市200强"之一。

参考文献

1. 冯先铭.中国陶瓷 ［M］.上海：古籍出版社，2001.

2. 熊寥，熊微主编.中国陶瓷古籍集成 ［M］.上海：上海文化出版社，2006.

3. 周銮书.景德镇史话 ［M］.上海：上海人民出版社，1989.

4. 周荣林.千年瓷韵 ［M］.南昌：江西人民出版社，2004.

5. 王伯建，郑鹏.景德镇导游词 ［M］.北京：旅游教育出版社，2005.

6. 林景梧.瓷都史话 ［M］.南昌：百花洲文艺出版社，2004.

7. 乐平历史名人传编委会.乐平历代名人传 ［M］.南昌：百花洲文艺出版社，1995.

8.《景德镇市志》《昌江区志》《浮梁县志》《乐平县志》《鄱阳县志》《乐平文史资料》等史志资料.

9. 昌江区政协文史委编.鄱风饶韵话昌江 ［M］.南昌：江西高校出版社，2014.